D1640078

Satsangs
(Vorträge)

von

Swami Paramatmananda

TEIL 1

MATA AMRITANANDAMAYI MISSION TRUST
Amritapuri P.O., Kollam 690 525, Kerala, Indien

SATSANGS (VORTRÄGE)
SWAMI PARAMATMANANDA
Teil 1

Titel der Originalausgabe
Talks by Swami Paramatmananda
Volume 1

© 2004 M. A. Center

———————— *Talks 1 (German)* ————————

Publiziert von
Mata Amritanandamayi Math
Amritapuri, Kollam, Kerala, Indien

Herausgeber:
Verein Amrita e. V.

ISBN 3-933852-19-6

Vorwort

Dieses Buch ist dem Jagadguru (Weltenguru) Mata Amritanandamayi mit tiefer Hingabe, respektvoller Hochachtung und Ehrerbietung gewidmet.

Seit 1968 hat Swami Paramatmananda das Leben eines Entsagenden in Indien geführt. Mit neunzehn Jahren ging er dorthin, um die spirituelle Essenz dieser großen und alten Kultur in sich aufzunehmen. Er hatte das Glück, sich über die Jahre hinweg in der Gesellschaft zahlreicher Heiliger und Weiser aufhalten zu können. Der Höhepunkt war die Begegnung mit seinem Guru, Mata Amritanandamayi, im Jahre 1979. Da er einer ihrer ersten Jünger war, wurde er gebeten, die Leitung des ersten Ashrams im Westen, dem *Mata Amritanandamayi Center* in Kalifornien (USA) zu übernehmen, wo er sich von 1990-2001 oder 2002 aufhielt.

Viele Bewohner und Besucher des Zentrums haben uns berichtet, dass Swamis Vorträge für sie zu den Höhepunkten der Veranstaltungen dort gehörten. Seine Themen beinhalten seine Erfahrungen in Indien, sein Verständnis von Texten aus indischen heiligen Schriften und Episoden seines Lebens auf dem spirituellen Pfad. Mit Witz und Humor gelingt ihm eine Ost-West-Synthese, und er schuf ein Forum spiritueller Wissensvermittlung für Menschen aus allen Lebensbereichen.

Ursprünglich waren seine Vorträge nur auf Kassette erhältlich, aber mittlerweile sind sie schriftlich aufgezeichnet worden. Die Vortragsbände bergen Perlen der Weisheit für zukünftige Jahre.

Der Herausgeber der Amerikanischen Ausgabe: M.A, Center, 1. März 2000

Inhaltsverzeichnis

Heiligengeschichten – 1

Letzte Woche sprachen wir über weibliche Heilige, bzw. *Mahatmas*, insbesondere solche, die zu vedischen Zeiten lebten und über upanischadische Weisheit verfügten. So dachte ich, dass wir diese Woche über weibliche *Mahatmas* der jüngeren Vergangenheit sprechen könnten. Damit meine ich das vergangene Jahrtausend.

Wir sollten nicht glauben, dass jeder *Mahatma* ein Entsagender sein muss und dass man kein Heiliger, Weiser, Mystiker oder *Mahatma* werden kann, ohne der Welt zu entsagen und ein ockerfarbenes Gewand anzulegen. Es hat zahlreiche Menschen gegeben, die Gott verwirklicht haben, obwohl sie verheiratet waren und Kinder hatten – sie hatten Familie und Beruf. Die ganze Freizeit, die ihnen zur Verfügung stand, verbrachten sie mit *sadhana*, d.h. spirituellen Übungen.

"Du kannst es mitnehmen"

Persönlich kannte ich einen Mann aus Hyderabad, einen Philosophieprofessor. Sein Beruf war für spirituelle Lebensführung sehr vorteilhaft. Man sah ihn stets *japa* machen. Sobald er nicht sprechen oder irgend etwas anderes tun musste, wenn er nur dasaß, z.B. in einem Bus unterwegs war, Auto fuhr, sah man eine Hand immer diese Bewegung ausführen (mit seiner Mala). Er war stets mit Japa beschäftigt – "Ram, Ram, Ram, Ram..." Jeden freien Augenblick verbrachte er mit Japa. Außerdem suchte er jeden Heiligen oder Weisen auf, der nach Hyderabad kam, um *darshan* zu erhalten. Soweit sie dazu bereit waren, lud er sie ein, in sein Hause zu kommen. Manche Sannyasis und Heilige blieben zwei oder drei Jahre. Der Rest der Familie war nicht allzu glücklich darüber, aber er machte sich nicht viel daraus, da ihm klar war, dass es um seine Erlösung ging, dass er alles, was er in dieser Welt besaß, segensreich einsetzen sollte oder – anders ausgedrückt – in *punyam* zu verwandeln hatte. Punyam bedeutet Verdienst. Man kann von allem sagen, dass es entweder verdienstvoll ist oder das Gegenteil, uns entweder näher zu Gott bzw. dem Selbst bringt oder weiter weg. Es ließe sich auch folgendermaßen ausdrükken: Jede Angelegenheit führt uns entweder in Richtung Glück und Freude oder streut die Saat für zukünftiges Leid (*papam*). Dieses Wort lässt sich in etwa mit Sünde übersetzen, aber es ist fraglich, ob es sich um eine gute Übersetzung handelt, da der Ausdruck so viele Bedeutungen hat, die vielen nicht recht wären. Punyam bedeutet: Das, was zu Glück führt.

Menschen dieser Art ist klar, dass ihre materiellen Güter in etwas umgewandelt werden sollten, das sie mitnehmen können, wenn sie gehen. Dabei versteht sich von selbst, dass sie ein gewisses Maß irdischer Güter für ihr materielles Leben benötigen; gemeint ist alles Überflüssige. Ihr habt sicherlich die Redensart gehört: "Du kannst es nicht mitnehmen." Nun, es ist möglich, aber dazu muss es transformiert werden. Das ist nicht im Jenseits möglich. Der Vorgang lässt sich mit der Überquerung eines Gebirges vergleichen, um ein anderes Land zu erreichen. Aber dort kann man ausländische Währung nicht einwechseln. Ich muss daher hier die dort gültige Währung eintauschen. Es wird dann keine Probleme geben, da man über genügend Mittel verfügt. Es verhält sich genau auf diese Weise. Unsere Handlungen, unser Reichtum, unsere Gesundheit, alles was wir haben, kann in Punyam, bzw. Gnade umgewandelt werden – jedoch nicht nach dem Tod. Wenn wir uns später auf der anderen Seite befinden wird man uns nicht die Möglichkeit geben und sagen: "Nun, du hast – besser gesagt, du hattest - fünfundzwanzig oder fünfzigtausend Dollar in der Bank, möchtest du, dass wir den Betrag eintauschen, dann kannst du in eine höhere Seinsebene aufsteigen." Niemand wird ein solches Angebot machen. Wir müssen hier selbst für den Tausch sorgen.

Es gab eine Reihe großer Menschen, die ein Leben als Haushälter führten – die meisten Rishis, die Weisen der alten Zeiten, waren in der Tat Haushälter. Aber selbst heute gibt es solche Menschen und es gab sie zu allen Zeiten. Sie lebten zwar in der Welt, aber ihnen war die vergängliche Natur des Lebens bewusst und auch, dass es jeden Augenblick enden konnte. Sie machten das Beste aus ihrem Leben, allerdings hatten sie davon eine andere Vorstellung als die meisten heutzutage. Sie bereiteten sich für das Leben nach diesem Leben vor.

Die Geschichte von Karekalamma und den Mangos

Es gab einmal eine Frau, die auf die zuvor erwähnte Weise lebte. Sie hieß Punyadavati. Man nannte sie auch Karekalamma. Sie zählt zu den berühmten Shaiva-Heiligen der Nayanmars-Tradition in Tamil Nadu, d.h. sie zählt zu den großen Verehrern Sankara Sivas. In den Sivatempeln sind neben Siva dreiundsechzig von ihnen zu sehen. Sie waren alle *mahatmas* und Mystiker und schrieben zahlreiche Lieder. Besagte Punyadavati war eine von ihnen und mit ihr verbindet man eine nette Geschichte, die deutlich macht, wie trügerisch der äußere Schein ist.

Sie war die Tochter eines wohlhabenden Händlers in einem Ort, den man Karekal nannte. So weit ich weiß, lag er in der Nähe vom französisch verwalteten Pondicherry. Sie wuchs zu einem sehr schönen jungen Mädchen heran. Ein Händler in einer anderen Stadt wünschte Punyadavati als Braut für seinen Sohn. Entsprechende Arrangements und Vereinbarungen wurden getroffen und die Heirat vollzogen. Sie waren sehr glücklich miteinander. Ich glaube, ihr Mann hieß Paramadatta. Sie führten ein gewöhnliches Eheleben und alles schien ganz normal. Der Mann war ebenfalls ein Händler. Der Schwiegervater gab seinem Schwiegersohn viel Geld und half ihm, beruflich Fuß zu fassen. Sie lebten in derselben Stadt – in Karekal.

Als der Ehemann eines Tages gerade in seinem Geschäft saß, kamen andere Geschäftsleute. Sie verhandelten über ein Geschäft. Dann überreichten sie ihm zwei saftige Mangos. Er gab sie einem Bediensteten mit der Anweisung, sie zu seiner Frau nach Hause zu bringen und dass er gerne Mango zum Mittag essen würde. So wurden die Mangos zu Punyadavati gebracht. Sie war gerade mit Kochen beschäftigt, der Reis war fertig, aber nichts anderes.

Zu diesem Zeitpunkt kam ein *sadhu*, ein Sivaverehrer. Er stand an der Tür und bat: "Bhiksham dehi ca Parvati, o Parvati Devi." "Oh göttliche Mutter, bitte gib mir etwas zu essen." Als er auf diese Weise bettelte, kam sie heraus. Auch sie verehrte Shiva. Sie liebte Siva. Seit ihrer Kindheit hat sie Siva-*puja* ausgeführt – so wie wir gestern Abend. So lief sie hinaus und lud ihn ein: "Oh Swamiji, komm bitte herein, tritt ein. Nimm Platz." Sie tischte Reis auf, vielleicht noch Pickles, aber nichts weiter an Gekochtem. Wäre unsere Köchin Kamala dort gewesen, hätte es bestimmt Vieles gegeben. (Gelächter) Aber da es damals noch keine Kamala gab, sondern nur Punyadavati, war nur Reis fertig. Sie erinnerte sich an die Mangos. So sagte sie sich: "Ich biete ihm eine Mango als Nebengericht an und vielleicht noch etwas Yoghurt dazu, dann kann er alles miteinander vermischen und es wird köstlich schmecken. So reichte sie dem Sadhu eine der Mangos. Dieser war mit dem Reis und der Mango sehr zufrieden, segnete sie und ging wieder. Nach einiger Zeit, gegen zwölf Uhr, kam ihr Mann. Er nahm ein Bad und setzte sich dann zu Tisch. Sie servierte den Reis und alles, was sie zubereitet hatte. Dann fragte er: "Und was ist mit den Mangos? Ich ließ doch welche bringen, nicht wahr?" Sie bejahte und brachte die noch vorhandene Mango auf einem Bananenblatt.[1] Er aß sie und sagte: "Sie war köstlich, bring die andere." Nun befand sie sich in der Klemme. Sie erwiderte nichts. Zu diesem Zeitpunkt hätte sie sagen können, dass sie die Mango einem Sadhu gegeben hatte. Aber sie zögerte, weil sie ihren Mann zufrieden stellen wollte. So ging sie in die Speisekammer und rief: "Oh Siva, was soll ich nur tun? Mein Mann bittet um die Mango, die nicht mehr vorhanden ist. Ich hätte etwas sagen können, tat es aber nicht, was soll ich nun sagen?" Sie erhob ihre Hände und flehte: "Oh Herr, bitte rette mich!" Dann lag plötzlich eine Mango in ihrer Hand. Sie war vielleicht etwas verwundert, aber nicht allzu sehr, jedoch zutiefst von Dank erfüllt. Sie brachte die Frucht zu ihrem Mann. Er verzehrte sie und sagte: "Oh, diese war zehnmal so süß wie die erste, woher hast du sie? Ist das die von mir gesandte Mango? Ich kann nicht glauben, dass sie so unterschiedlich waren."

Sie hielt es dann für besser, die Wahrheit zu sagen. So gestand sie, dass sie eine dem vorbeikommenden Sadhu gab und dass sie die zweite von Shiva erhielt, als er um die zweite bat. Daraufhin sagte der Mann: "Uh huh, sicherlich. Wenn er dir die zweite gab, kannst du nicht eine weitere, eine dritte bekommen?" Sie erwiderte: "Ich weiß nicht, Ich werde darum bitten." Sie zog sich in eine Raumecke zurück, wandte sich um und flehte: "Oh Siva, bitte rette mich aus dieser Situation. Daraufhin erschien eine weitere Mango in ihrer Hand. Sie drehte sich wieder um und bot sie ihrem Mann an. Dieser griff zu, aber die Mango verschwand, sobald er sie berührte. Er war nicht nur schockiert, sondern Furcht überkam ihn, da ihm klar wurde, dass er keine gewöhnliche Frau hatte. Er fragte: "Bist du eine Göttin?" Sie gab jedoch keine Antwort, da sie keine wusste. So kam er zu dem Schluss, dass seine Frau eine Göttin sei und keine gewöhnliche Frau. Er fürchtete sich, mit ihr zusammenzuleben. Er war ein Händler, der sich per Schiff an die verschiedensten Orte in Übersee begab. Er beschloss, nicht nach Karekal zurückzukehren. Er kam in der Welt herum, verdiente viel Geld und als er nach Indien zurückkam, ließ er sich in Madurai nieder, das recht weit von Karekal entfernt liegt. Er heiratete wieder und bekam eine Tochter, der er den Namen seiner ersten Frau gab – Punyadavati.

In der Zwischenzeit wartete Punyadavati vergeblich auf die Rückkehr ihres Mannes. Nach ungefähr fünf oder sechs Jahren berichteten Verwandte, die in Madurai gewesen waren, dass sie ihn dort gesehen hätten. So wurde beschlossen, sie dorthin zu schicken. So mieteten sie eine Sänfte und sandten sie in Begleitung anderer Verwandter nach Madurai. Diese informierten den Mann von ihrer Ankunft und als sie eintraf, kam er mit seiner zweiten Frau und Tochter herausgelaufen. Und was tut er, als sie aus der Sänfte aussteigt? Er geht auf sie

zu und wirft sich in voller Länge vor ihre Füße. Das behagte
ihr nicht sehr, da sie sich zuvor vor seinen Füßen verneigt hatte.

Sie war darüber sehr aufgebracht, nahm Abstand und fragte: "Was soll das?" Dann erzählte er den Verwandten die ganze Geschichte: "Sie ist keine gewöhnliche Frau, sondern eine
Göttin. Durch ihre Gnade heiratete ich wieder und bekam
ein Kind. Ich verehre sie in meinem Haus als die Göttin
Punyadavati... " usw. usw.

Sie regte sich so sehr darüber auf, dass sie betete: "Siva,
ich habe meine Schönheit für meinen Mann bewahrt und
nun will er mich nicht mehr. So sei du mein Ein und Alles.
Nimm meine Schönheit fort."

Sie wurde sofort schrumpelig, dürr und sah fast wie ein
Gespenst aus. Es wurde gesagt, sie glich einem Gespenst. Ihr
Aussehen wurde sehr eigenartig, fast wie ein Ghul und jeder
rannte vor ihr davon. Sie war höchst zufrieden, denn das war
der Beginn völliger Entsagung. Es geschah gemäß göttlichem
Willen, nicht nach ihrem. Sie pilgerte dann den langen Weg
zum Berg Kailash im Himalaja. Das nahm viel Zeit in Anspruch. Am Kailash angekommen, erschien ihr Siva in einer
mystischen Vision. Er fragte sie, was sie wünsche. Ich erzähle
euch ihre Antwort - eine sehr schöne Antwort. Sie äußerte
vier Wünsche: "Ich möchte ununterbrochenes *bhakti*. Ich
wünsche völlige und dauerhafte Hingabe an dich. Da ich an
so Vieles denke, wandert der Geist von einer Sache zur anderen, aber ich möchte, dass er kontinuierlich zu dir fließt, so
wie der Ganges in den Ozean." Seine Antwort lautete: "Gut,
gestattet. Was wünscht du noch?" Daraufhin sagte sie: "Ich
möchte nicht wiedergeboren werden, da es in dieser Welt
nichts gibt, was ich begehre. Ich möchte mich nur zu deinen
Füßen aufhalten. Aber wenn noch *prarabda karma* vorhan-

den ist, dann sorge dafür, dass ich mir stets deiner Existenz bewusst bin. Lass mich nicht in den Schlaf deiner Täuschung fallen, deine Existenz vergessen und nur diese Welt für real und wertvoll halten. Gewähre mir trotz Wiedergeburt Gottesbewusstsein." Als Letztes bat sie noch darum, Shivas göttlichen Tanz zu allen Zeiten wahrzunehmen. Das kann Zweierlei bedeuten. Ihr habt vielleicht ein Bildnis Shivas als Nataraj gesehen. Er ist der König des Tanzes. Ich glaube, wir sprachen gestern Abend darüber – vielleicht sind wir auch nicht mehr dazu gekommen.

Eine der Gestalten Sivas ist der Tänzer – er tanzt von Feuer umgeben. Dies repräsentiert den Tanz des Universums. Wisst ihr, alle Teile des Universums befinden sich in Bewegung. Es gibt nichts Unbewegliches. Jedes Atom bewegt sich. Ohne Bewegung handelt es sich nicht mehr um das Universum, sondern den absoluten Brahman. Daher ist Shakti oder Mutter Natur konstanter Tanz. Sie tanzt sich in Existenz hinein und hinaus. Hören die Schwingungen auf, bedeutet das das Ende der Schöpfung. Das wird *pralaya* genannt, die Auflösung des Universums. Dann beginnt der Tanz wieder von neuem.

Das ist eine Möglichkeit, Punyadavatis Wunsch nach dem Anblick des kosmischen Tanzes Gottes zu interpretieren. Mit anderen Worten ausgedrückt, sie wollte das gesamte Universum als den göttlichen Formaspekt sehen. Die andere besteht darin, dass sie Shiva in seiner Gestalt als Nataraja im *aksha*-Raum sehen wollte. Shiva gestattete diese Vision und die Erfüllung all ihrer Wünsche. Er bat sie, nach Tamil Nadu zurückzukehren und sich an einem Ort ungefähr vierzig Meilen, ich glaube westlich von Madras niederzulassen. Dort gibt es einen Shiva-Tempel. Sie verbrachte dort den Rest ihres Lebens in Meditation und Ekstase. Das war Karekalamma, eine bekannte weibliche Heilige. Sie schrieb um die 120 oder 130

Lieder, die ihre Erfahrungen, ihre mystische Vereinigung und Vision Gottes beschreiben. Diese Geschichte gehört zur Shaiva-Literatur, ist Bestandteil der Nayanmar-Literatur. Diese Person lebte vor zirka tausend Jahren. Wir kennen Amma. Sie lebt heute. Sie ist die allerletzte (zeitlich gesehen) in der Reihe der weiblichen Heiligen oder Weisen. Natürlich betrachten die meisten von uns sie als Parashakti selbst.

Geschichte der Frau, die das Baby Rama fütterte

Ich selbst begegnete ebenfalls einer Frau, die eine gewöhnliche Frau zu sein schien. Sie lebte in Hydrabad. Während der ersten zehn oder zwölf Jahre meines Indienaufenthaltes verbrachte ich viel Zeit in Hydrabad. Diese Frau war Witwe und sie verbrachte all ihre Zeit mit der Ausführung von Pujas, Studium der Bhagavad Gita, der Heiligen Schriften oder Japa. Meines Wissens wiederholte sie den Namen Gottes um die hunderttausend Mal. Sie stand morgens gegen drei Uhr auf und saß bis neun oder zehn Uhr wie eine Statue da und machte Japa. Und man kann sich gut vorstellen, dass sie auf diese Weise großen Fortschritt machte. Sie begann, göttliche Visionen zu haben. Ich traf sie auch in Tiruvannamalai. Wir wurden gute Freunde. Sie war eine sehr orthodoxe, alte Brahmanenwitwe, wurde jedoch mir gegenüber sehr liebenswürdig. Sie betrachtete mich wie einen Sohn. Sie kam und kochte für mich. Ich weiß nicht warum, aber es war einfach ein schönes Verhältnis mit ihr. Zu der Zeit konnte ich ihre Sprache, Telugu, sprechen. Mittlerweile habe ich sie völlig vergessen. Wir kommunizierten beide in sehr einfachem Stil und sie erzählte mir von ihren Erfahrungen. Manchmal spricht man mit sogenannten spirituellen Leuten und sie fangen an, all ihre Erlebnisse zu schildern, aber sie sind irgendwie unglaubwürdig. Man hat das Gefühl, dass irgendetwas nicht stimmt oder dass sie einen beeindrucken wollen oder irgendetwas Anderes. Viele sprechen auf diese Weise. Aber wenn man mit einer aufrichtigen, unschuldigen Person spricht, kommt ein solches Gefühl überhaupt nicht auf. Man spürt, dass sie ein kindliches Gemüt haben. Wirklich spirituelle Menschen sind wie Kinder.

Diese Frau war schlichtweg wie ein Kind. Und nachdem wir uns eine Weile gekannt hatten, begann sie, mir von ihren Erlebnissen zu berichten. Sie war eine Anhängerin Ramana Maharshis und beschäftigte sich gern mit *atma vichara* – Fragen nach dem Selbst. Sie äußerte sich deshalb sehr aufgebracht darüber, dass jedes Mal, wenn sie ihre Augen schloss und sich auf das Selbst konzentrierte, um Atman zu sehen, dieser kleine Junge, der ungefähr dreijährige Rama in hellem Graublau auftauchte. Er sprang dann immer auf ihren Schoß, zog an ihrer Kleidung und bat um *paysam* (süßen Reispudding), *vadaih* (eine gebratene Kleinigkeit) oder *dosa* (eine Art leichter Pfannkuchen), bzw. irgendetwas zu essen. Der Vorgang war für sie sogar sichtbar, sie spürte das Ziehen an ihrer Kleidung und hörte ihn weinen. Aber sobald sie ihre Augen öffnete, verschwand er; sobald sie sie wieder schloss, sah und fühlte sie erneut sein Zupfen und hörte sein Weinen. Sie war aufgebracht – sehr sogar. Würde uns so etwas widerfahren, so würde es uns überhaupt nicht stören, wir wären hoch erfreut darüber, dass sich etwas tut, nicht wahr? Aber das unterscheidet uns von ihr, denn sie gab sich mit nichts Geringerem als der Selbstverwirklichung – *atma jnana* – zufrieden. Ihr lag nicht einmal etwas an einer Vision Ramas, Krishnas oder von sonst jemandem. Aber sie erhielt sie trotzdem – in der Gestalt des kleinen Balarama, von Baby-Rama. So erhob sie sich dann und ging in Richtung Küche – normalerweise hatte sie zu dieser Zeit

nicht zu kochen, da es noch zu früh am Morgen war. Es blieb
ihr jedoch nichts anderes übrig, denn solange sie nicht das
Essen, den Paysam zubereitete, ließ Rama sie nicht in Ruhe.
Es gibt zahlreiche solche Fälle, wisst ihr. Andere Heilige haben dieselbe Erfahrung gemacht. Eine von Paramahansa
Ramakrishnas Jüngerinnen hatte das gleiche "Problem", sozusagen. Natürlich ist es kein echtes Problem.
Sie kochte den *paysam*, bereitete die *vadai* zu. Sie hatte
selbst kein Interesse daran. Sie war schließlich nur eine einfache spirituell Suchende. Nur für den Kleinen kochte sie all
diese besonderen Mahlzeiten, mit weniger gab er sich nicht
zufrieden. Dann musste sie ihn mit geschlossenen Augen füt-
tern, da sie ihn sonst nicht sehen konnte. Es war ihr nicht
einmal vergönnt zu ruhen, denn wenn sie ihre Augen schloss,
kam er, legte sich neben sie, kuschelte sich an sie und wollte
dann spielen oder Geschichten hören. Sie regte sich sehr darüber auf und erzählte mir davon. Sie klagte: "Was wird mein
Los sein? Ich wollte Selbstverwirklichung. Bin ich nun ge-
zwungen, die ganze Zeit mit Gott spielen? Jeden Morgen um
vier Uhr muss ich auf diese Weise kochen. Was soll ich nur
machen?" Was sollte ich ihr antworten? Meine Situation war
noch schwieriger, da ich keine Ahnung hatte – ich sah weder
Rama, Krishna oder irgendjemand anderen! So sagte ich:
"Überlass dich dem göttlichen Willen." Was hätte ich sonst
sagen können?
Schließlich sagte sie bei einem Besuch: "Weißt du, letzte
Nacht habe ich etwas sehr Schönes erlebt. Als ich meditierte
erschien Rama wieder – ich weiß nicht, irgendwie war ich
frustriert, da ich weder ein oder aus wusste. So begann ich, zu
meinem Guru zu beten und er tauchte mit einem großen Koch-
topf auf."

Der Topf war riesig. Ihr habt sicherlich schon Kochtöpfe gesehen, in denen man in Indien für Feste kocht. Zum Saubermachen muss man hineinsteigen und darin stehen – so groß ist er. Von dieser Größe war der Topf. „Außerdem hatte er einen großen Stock und rührte etwas. Ich hatte keine Ahnung was. Ich schaute und wunderte mich. 'Eigenartig, was Guruji da macht, was das wohl soll?' Dann rief er mich heran, ich sah in den Topf und er erklärte: ‚Das ist *Mysore pak* – weißt du, was das ist? Es ist eine Art Süßigkeit. Es ist *Mysore pak*, er ist aber noch nicht fertig.‘ Da begriff sie, was er meinte: Sie war für die Selbsterkundung (*atma-vichara*) noch nicht reif. Das Süße repräsentiert den süßen, den entwickelten spirituellen Geist. Er rührt ihn, aber er ist noch nicht bereit, noch nicht fertig gekocht. Wäre ihr Geist noch nicht 'am Kochen' gewesen, hätte sie weder Rama, Krishna oder irgendjemand anderen gesehen. Da das Kochen jedoch im Gange war, erhielt sie diese Vision. Aber der Kochvorgang war noch nicht abgeschlossen. Sie erzählte mir, dass die Visionen von Klein-Rama nach diesem Erlebnis aufhörten. Ihr Geist wurde dann fast still – wie ein stilles Meer – und sie saß stundenlang in ihr inneres Selbst – Atman – versunken da.

Sie war eine gewöhnliche Frau. Niemand wusste von ihren Erlebnissen. Ich bin vermutlich die einzige Person, die davon weiß. Ich habe zuvor noch niemandem davon erzählt, ihr seid die ersten. Ich bin sicher, dass sie selbst niemandem etwas berichtet hat, da sie keine Freunde hatte. Ihr lag nichts an Freunden, nur an spirituellen Übungen. Es gibt sicherlich zahlreiche solche Heilige.

Die Frau, die das Ohr eines jungen Mannes aus der Schweiz heilte

Es gab noch eine Frau (besagter Kategorie). Als wir eines Tages mit Amma vor dem Ashram saßen, kam eine Bettlerin herein. Daran ist nichts Ungewöhnliches an der Meeresküste, wo Amma lebt. Manchmal überqueren Bettler den Fluss und betteln im Dorf um Nahrung. Diese Frau kam von der Meeresseite direkt zum Ashram. Ihre Kleidung war völlig verschmutzt, wohl uralt und mehr oder weniger in Fetzen. Meinem Eindruck nach war sie vielleicht in den Siebzigern, ging gebeugt und hielt zum Betteln eine kleine Blechkanne in der Hand. Sie ging direkt auf einen Schweizer zu, der in einer gewissen Entfernung von uns saß. Er lebte seit einigen Jahren im Ashram und meditierte viel. Sein Körper überhitzte sich durch zuviel Meditation. Durch die Überhitzung entwickelte sich eine Ohrentzündung – irgendetwas stimmte mit seinem Ohr nicht. Er wusste nicht, wie ihm geschah. Sie beugte sich einfach zu ihm hinunter, als wollte sie ihm etwas sagen. Dann blies sie in das entzündete Ohr. Ohne eine Gabe abzuwarten richtete sie sich wieder auf, lächelte ihn an und ging, als ob sie nur dafür gekommen war, ihm ins Ohr zu blasen. Amma beobachtete den ganzen Vorgang. Dann wandte sie sich uns zu und fragte: "Habt ihr das gesehen?" Wir hatten es zwar gesehen, wussten jedoch nicht, was vor sich gegangen war. "Wisst ihr, wer das war?" fragte sie uns weiter. "Nein, " lautete unsere Antwort. Amma fuhr fort: "Sie war noch niemals zuvor hier." "Wie kannst du dann wissen, wer sie ist?" Immer stellen wir Amma diese dummen Fragen. Dieses 'Woher weißt du das?' Wie viele Leute wohl diese Frage an Amma richten? Gleich darauf wird ihnen klar, wie töricht diese Frage ist, da ihr Wissen auf Intuition beruht und nicht auf äußerem Erlebnis, Ableitung, Verstandesdenken oder etwas Ähnlichem. Aber trotzdem stellten wir die Frage: "Amma woher weißt du das?" Daraufhin erklärte sie: "Das war ein Avadhuta, ein weiblicher *mahatma*. Sie wandert als Bettlerin umher. Sie ist war zum ersten Mal hier. Sie wusste, dass sein Ohr entzündet war und das war der einzige Grund für ihr Kommen. Sie kam nicht, um von jemandem Nahrung zu erbetteln. Habt ihr nicht gesehen, dass sie einfach nur in sein Ohr blies und dann wieder ging?" Amma wies darauf hin, dass es eine große Zahl von Menschen wie sie gab, vielleicht sogar in jedem Dorf, aber wir wissen nicht, dass sie Mahatmas sind. Sie wirken wie normale Menschen, sind es jedoch nicht.

"Sie war über hundertfünfzig Jahre alt"

Äußeres täuscht also. Viele von euch haben vielleicht von Mayamma gehört, die bis vor kurzem in Tamil Nadu lebte. Soweit ich weiß, verstarb sie vor ein oder zwei Jahren. Amma hat einige Zeit mit ihr verbracht. Alle zwei oder drei Jahre besuchten wir sie. Sie war auch solch ein weiblicher Avadhuta, sah aber wie eine Bettlerin aus. Sie ging mit einer Jutetasche umher, betrat damit Hotels, nahm Essen von den Tellern der Gäste und tat es in die Tasche, dann rannte sie wieder hinaus. Bei unseren Besuchen bei ihr hatten wir keinen Ort zum Essen, so gingen wir in ein Hotel. Wir waren ungefähr zwanzig, darunter auch eine westliche Brahmacharini. Sie war gerade aufgestanden, um zur Toilette zu gehen, als Mayamma hereingerannt kam, alles vom Teller dieser Brahmacharini nahm und wieder verschwand.

Was macht sie nun mit dem Essen? Sie aß es nicht selbst. Es folgten ihr ständig ungefähr fünfundzwanzig Hunde. Sie lag und schlief auf ihnen, spielte mit ihnen und fütterte sie mit Nahrung, zu der sie auf eben beschriebene Weise kam. Kein

Hotelbesitzer hinderte sie daran, da sie über große spirituelle Kraft verfügte. Niemand kannte ihr Alter. Nach Ammas Angaben war sie über hundertfünfzig Jahre alt. Berührte sie einen Kranken, so wurde er gesund. Sie schwamm ohne Kleidung in den Ozean hinaus. Sie war eine *digambari avadhuta* – splitternackt. Einige Leute zogen ihr Kleidung an, aber das gefiel ihr nicht. Sie mochte nur nackt sein und so ging sie durch die Stadt. Niemand behelligte sie. Eines Tages sammelte sie allen Abfall in der Stadt, brachte ihn ans Meeresufer, entfachte ein Feuer und saß einige Stunden dort und starrte auf den Abfallhaufen. Niemand verstand den Sinn hinter ihrem Handeln. Nach Ammas Aussage war sie ein großer *mahatma*.

Es gibt also viele solche Frauen. Es war meine Absicht über eine der größten zu sprechen. Dazu bin ich auch heute nicht gekommen. Wir müssen wohl bis zur nächsten Woche warten oder es wird sogar zu spät für *Bhajans*. Aber ich habe schon letzte Woche angekündigt, über wen wir nächste Woche sprechen – es ist Andal. Sie zählt zu den größten. Diejenigen, über die wir gesprochen haben, waren große Heilige, aber – so könnte man sagen – es gibt noch größere. Alle von ihnen erfuhren Gott. Andals Schicksal war jedoch besonders außergewöhnlich. Aber ich verrate jetzt noch nicht warum. Ihr könnt es nächste Woche hören.

Om Namah Sivaya

Satsang im M.A. Center, 1994, Kassette 1, Seite A

Heiligengeschichten – 2

Letzte Woche sprachen wir darüber, dass das äußere Erscheinungsbild oft täuscht – insbesondere im Fall von spirituellen Menschen. Als Beispiel gaben wir einige weibliche Heilige, die wie Durchschnittsmenschen wirkten, aber bei denen es sich dann zeigte, dass sie recht außergewöhnlich waren. Heute möchte ich dort weiter machen, wo wir letzte Woche aufgehört haben.

Die Geschichte von Tulasidas, der Rams Darshan wünschte

Viele von euch haben vielleicht schon von Tulasidas gehört. Er hat ein bedeutendes Buch geschrieben – *Tulasi Ramayana*, bzw. *Ramacharitamanasa*. Es handelt sich um eine hingebungsvolle Version von Valmikis 'Ramayana'. Tulasidas war ein großer Anhänger Ramas und er bemühte sich viele Jahre lang, eine Vision Ramas zu erhalten. Aber trotz all seiner Anstrengungen gelang es ihm nicht. Eines Tages kehrte er vom Ganges zurück. Er ging täglich zum Ganges, um Wasser für seine Morgentoilette zu holen. Auf dem Rückweg leerte er das übrig gebliebene Wasser immer unten am Stamm eines bestimmten Baumes aus. Als er eines Tages nach dem Ausleeren des Wassers an dem Baum vorbeiging, hörte er eine Stimme sagen: "Ich erfülle dir einen Wunsch." Ihm war unklar, woher die Stimme kam. Er ging nahe an den Baum heran und wieder sagte eine Stimme: "Ich erfülle dir einen Wunsch, was möchtest du?" Tulasidas fragte: "Wer spricht da?" Die Stimme erklärte "Ich bin ein Geist, der von diesem Baum Besitz ergriffen hat und darin lebt. Ich war sehr durstig und bin sehr dankbar dafür, dass du mir täglich Wasser gegeben hast. Was immer in meiner Kraft steht, bin ich gewillt für dich zu tun. Ich erfülle dir einen Wunsch." Tulasidas antwortete: "Ich hätte gern Ramas Darshan." Der Geist erklärte, dass das nicht in seiner Macht läge, aber er wüsste jemanden, der es könnte und das sei Hanuman. Tulasidas entgegnete: "Mir ist ebenfalls bekannt, dass ich mit Hanumans Gnade den Anblick Ramas erhalten kann. Aber wo befindet er sich?" So sagte der Geist: "Jeden Abend hältst du einen Vortrag über den Ramayana. Ein Leprakranker, der immer hinten im Raum sitzt und als letzter geht, das ist Hanuman. Er kommt, um sich an Ramas Lebensgeschichte zu erfreuen und er kommt in dieser Tarnung. Geh also zu ihm und bitte um Ramas Darshan."

So wartete Tulasidas an diesem Abend nach seinem Vortrag bis sich alle erhoben hatten und gegangen waren. Die letzte Person hinten im Raum war der besagte Leprakranke. Er ging auf ihn zu, fiel ihm zu Füßen, hielt sie und flehte. "Oh Hanumanji, Hanumanji, bitte segne mich mit deiner Gnade!" Der Leprakranke reagierte nicht. Schließlich erhob sich Tulasidas und er erhielt die Antwort: „Ich bin niemand, warum gehst du auf diese Weise mit mir um?" Tulasidas erwiderte: „Nein, ich weiß, dass du Hanumanji bist." Da er sich nicht abwimmeln ließ, sagte Hanuman schließlich: „Okay, was wünscht du?" Tulasidas antwortete daraufhin: "Ich möchte Rams Darshan." Der Leprakranke willigte ein und forderte ihn auf, nach Chitrakoot zu gehen – das ist der Berg, wo Rama und Sita viele Jahre lang lebten und er war nicht allzu weit von Tulasidas' Aufenthaltsort entfernt. Er befand sich natürlich in Benares. Chitrakoot lag zwar in einer gewissen Entfernung, aber es war machbar, zu Fuß dorthin zu gehen. Hanuman erklärte: "Geh nach Chitrakoot und verehre Rama dort und du wirst mit meiner Gnade Ramas Anblick erhalten." Tulasidas folgte dem Rat und begab sich dorthin und erhielt Ramas Darshan auf eigenartige Art und Weise. Rama erschien ihm zweimal. Beim ersten Mal war er gerade dabei eine Ram-Puja auszuführen, als ein Schwein angerannt kam, alles umstieß und dann wieder fortlief. Es war ein Wildschwein. Er war sehr empört, da seine Puja ruiniert war. Alles war schmutzig und roch... Hanuman tauchte auf und erkundigte sich: "Nun, hast du Ram gesehen?" Tulasidas entgegnete, dass er keinen Ram gesehen habe. "Wo ist er denn? Ich führe hier seit vielen Tagen Rama-Pujas aus und habe Ram immer noch nicht erblickt. Du hast es mir versprochen!" Hanuman antwortete: "Das war Rama. Er ist gerade durch deine Puja gelaufen – gestürmt." Daraufhin Tulasidas: "Wie soll ich ihn erkennen, wenn er wie ein Wildschwein aussieht?" So sagte Hanuman: "Okay, du erhältst noch einmal den Darshan Ramas." An einem anderen Tag war Tulasidas gerade dabei, die Ram-Puja auszuführen und es kamen viele Leute, um *Prasad* zu bekommen, darunter zwei Jungen, der eine hellhäutig, der andere dunkel. Tulasidas war dabei, das Prasad an alle zu verteilen und er brachte das *chandanam*-Zeichen mit Sandelholzpaste auf der Stirn der beiden Jungen an. Als er sie berührte, erkannte er, dass es Rama und Lakshmana waren. Er geriet in Ekstase und verlor das Bewusstsein. Zwei oder drei Tage lang lag er durch den Anblick Ramas in glückseligem Zustand da.

Die Pointe ist, dass jeder ein Hanuman sein kann. Jeder kann alles Mögliche sein. Man weiß nicht, wer was ist, da *Mahatmas* Gott sind und sie tragen kein Schild um den Hals mit der Aufschrift: "Ich bin So-und-so." Wir benötigen das Bewusstsein oder den Glauben, dass jeder eine göttliche Seele sein kann. Letztendlich ist jeder göttlich, aber wer sich dessen bewusst ist, kann jede beliebige Gestalt annehmen.

Unniappam Swami sah Parashakti im Schoß Damayanti Ammas

In Ammas Leben gibt es zwei Menschen, an die ich mich erinnere, die vor ihrer Geburt zu besagter Kategorie gehörten. Einer von ihnen lebte an der Küste; er hieß Unniyappam Swami. Er war ein eigenartiger Charakter; niemand begriff, wer er war. Die meisten hielten ihn für einen Bettler. Er hatte jedoch eine besondere Eigenschaft, die ganz und gar nicht zu einem Bettler passt. Seine Haare waren verfilzt und auf dem Kopf zusammengebunden. Das ist noch nicht so ungewöhnlich – viele Sadhus (Wandermönche) tun dies. Wenn Unniyappam an der Küste entlang wanderte, kamen die kleinen Kinder, um mit ihm zu spielen und sich über ihn lustig zu machen – ihr wisst, wie kleine Kinder sind. Er griff dann in seine Haare und zog heiße, fertig gekochte *Uniyappams* heraus. Das ist eine Süßspeise, die man in Kerala kocht. Ich glaube, wir haben sie einmal hier zum Abendessen gehabt – allerdings in der herkömmlichen Weise zubereitet. (Gelächter). Aber Unniyappam kochte sie auf seine Weise. Er zog einfach schöne, kochendheiße aus seinem Haar und verteilte sie an alle Kinder – daher der Name "Unniyappam Swami".

Ich habe gehört, dass dieser Mann auf seinem Weg die Küste hinunter eines Tages kurz vor Ammas Geburt in ihren

Geburtsort kam. Ihre Mutter, Damayanti Amma, war mit unserer Amma schwanger. Sie lebten an der Straße, die durch
den Ort die Küste entlang führt. Sie lebten nicht an der Stelle
des jetzigen Ashrams, sondern direkt am Meer. Dieses Land
gibt es jetzt nicht mehr, es ist vom Ozean überspült worden.
Den Steinwall gab es damals noch nicht. Damayanti Amma
stand gerade vor dem Haus als Unniyappam vorbeiging. Er
ging zu ihr und gab ihr etwas Asche – heilige Asche, Vibhuti
oder Bhasma genannt. Und er sagte zu ihr: "Parashakti befindet sich in deinem Schoß und wird als deine Tochter geboren." Dann ging er. Nun, wir wissen, dass sie Amma geboren
hat und sich viele Wunder schon als Kind ereigneten. Mittlerweile gibt es natürlich Tausende, vielleicht sogar Millionen
Menschen, die erfahren haben und glauben, dass Amma in
der Tat Parashakti ist. Wenn ihr Swami Unniyappam gesehen
hättet, wäre euch kaum der Gedanke gekommen, dass er so
etwas wissen könnte.

Es befindet sich ein Ashram unter dem jetzigen Ashram

Es gab noch eine weitere solche Person. Und es war
Ammas Vater Sugunanandacchan – wir nennen ihn 'Acchan'
– der nachfolgende Geschichte erlebte. Es war in seinen jungen Jahren, als er auf dem Vorhof spielte, und zwar auf dem
anderen Gelände, wo sich jetzt der Ashram befindet und nicht
am Meer. Beide Grundstücke gehörten ihnen. Er spielte gerade mit einem Freund. Sie kletterten auf einen Cashew-Baum,
als ein *Sannyasi* bzw. Sadhu kam. Er blieb auf dem Grund-
stück stehen und lachte und lachte und lachte – ihr habt es
vielleicht in Ammas Biographie gelesen. Er lachte und Acchan
fragte: "Warum lachst du? Machst du dich über uns lustig?" Er
antwortete: "Nein, ich lache, weil ich mich hier so selig fühle.

Dies ist ein heiliger Ort und unter der Oberfläche befinden sich viele Heiligengräber – so viele Sannyasis wurden hier begraben. Es muss hier vor langer Zeit einen Ashram gegeben haben." Nach diesen Worten ging er einfach. Amma bestätigte dies - unter dem jetzigen Ashram befindet sich einer aus ihrem vorherigen Leben. Das ist einer der Gründe, warum wir im Ashram so viel Frieden und Seligkeit verspüren.

Natürlich ist der Hauptgrund, dass Amma hier ihr ganzes bisheriges Leben verbracht hat und so viele geistige Sucher hier spirituelle Übungen ausführen, aber ein anderer besteht in der Ansammlung heiliger Energie schon vor langer Zeit.

Wir sollten nicht meinen, dass *Mahatmas*, Heilige oder *Avadhutas* unbedingt betagt sein müssen. Sie können auch jung sein. Amma hat z.b. die *Bhava Darshans* schon als Teenager manifestiert. Auch wenn sie nicht von allen verstanden wurde, akzeptierten die meisten jedoch, dass Amma eine große Seele war. In der *Kathopanishad* – meiner Lieblings-Upanischade – habt ihr vielleicht die Geschichte von Nachiketas gelesen. Es ist die klassische Geschichte eines jungen Menschen, der ein großer Heiliger war. Für diejenigen, die seine Geschichte nicht kennen, möchte ich darüber sprechen und etwas aus der Kathopanishade vorlesen.

Die Geschichte von Nachiketas und dem Herrn des Todes

Nachiketas war vermutlich zu jener Zeit ein Teenager. Sein Vater führte eine große Puja aus. Und wisst ihr, in Indien gehört es zu einer großen Puja, Geschenke zu geben, in der Regel an Priester oder Brahmanen. Nachiketas Vater besaß jedoch nicht viel Geld, so beschaffte er einige Kühe, die keine Milch mehr gaben und keine Kälber hatten. Was kann man mit einer alten milchlosen Kuh schon anfangen? Er gab nun diese alten Kühe, als handelte es sich um eine große Spende, bzw. um ein Geschenk. Nachiketas hatte einen starken Glauben an die Veden. Er hatte die Schriften studiert – und konnte nun nicht schweigen. Es war nicht aus Arroganz heraus; er hatte nur das Gefühl, seinem Vater etwas sagen zu müssen, da er ein ungutes Gefühl über die Vorgänge hatte. Ihm war klar, dass es schlechte Früchte bringen würde, wenn man jemandem etwas Schlechtes gibt und gute Resultate, wenn man etwas Gutes gibt.

Um seinen Vater zu schützen schlug er vor: "Vater, das hier ist nicht gut. Vielleicht gibst du besser mich weg." Der Vater sagte nichts. Dann sprach Nachiketas wieder: "Vater an wen gibst du mich?" Der Vater gab wieder keine Antwort. Nachiketas wiederholte seine Frage drei oder vier Mal. Schließlich wurde sein Vater ärgerlich und er sagte: "Ich gebe dich an den Tod." Er wurde so wütend, dass er sagte: "Ich gebe dich an Yama, an den Tod." Und Nachiketas antwortete: "Okay." Er ging fort zum Ort des Todes, Yamaloka. Als er ankam, war Yama nicht anwesend, nicht in seinem Haus, seinem Palast. So saß Nachiketas drei Tage und Nächte am Tor. Schließlich kam Yama und war schockiert, ihn zu sehen. "Oh, dieser arme Junge, er hat drei Tage lang hier gesessen!" Er lud ihn sofort ein und erklärte: "Höre zu, ich möchte etwas für dich tun, denn du hast drei Tage und Nächte hier am Tor gesessen und gelitten – nichts zu essen und zu trinken oder irgend etwas bekommen – du bist mein Gast. Ich gewähre dir drei Wünsche."

Was wünschte er sich? Nachiketas sagte: "Nun, mein erster Wunsch ist, dass mein Vater nicht mehr wütend auf mich ist, wenn ich zurückkehre." Yama stimmte zu und fragte nach seinem zweiten. Er äußerte: "Ich hörte, dass es im Himmel kein Leiden gibt, nicht einmal Tod, wie hier auf der Erde. Deshalb

möchte ich gerne wissen, wie man in den Himmel kommt."
So erklärte ihm Yama: "Es gibt eine gewisse Puja, die du dafür
ausführen musst. Wenn du sie ausführst, kommst du nach dem
Tod in den Himmel." Er brachte sie ihm bei. Es handelte sich
um eine Feuerzeremonie. "Dir zu Ehren werde ich sie die
Nachiketas-Feuerzeremonie nennen, " fügte Yama hinzu. "Was
wünscht du als Drittes?" Nachiketas äußerte:

*"Beim Tod eines Menschen steigt der Zweifel auf, ob
er weiterhin existiert. Manche leugnen dies. Ich möchte von dir die Wahrheit erfahren. Das ist mein dritter
Wunsch."*

Er meint damit, dass manche der Ansicht sind, der Tod sei
das Ende von allem – das ist die Einstellung der Materialisten.
„Andere sagen, man existiere weiterhin. Du bist der Gott des
Todes, du bist Yama, daher musst du es besser wissen, als jeder
andere. Ich möchte gerne wissen, was nach dem Tod geschieht.
Wird es mich dann noch geben oder nicht?"
Yama antwortete:

*"Dieser Zweifel plagte selbst die Götter, da das Ge-
heimnis des Todes schwer zu ergründen ist. Bitte mich
um etwas anderes, Nachiketas, und entbinde mich
von meinem Versprechen. Stelle mir bitte nicht diese
Frage."*

Nachiketas daraufhin:

*"Du sagst, oh Tod, dass dieser Zweifel selbst die alten
Götter heimsuchte, da die Todesfrage schwer zu ergründen sei. Ich kann keinen besseren Lehrer als dich*

bekommen. Außerdem gibt es keinen ebenbürtigen Wunsch. Ich wünsche daher nichts anderes. Ich möchte wissen, was nach dem Tod geschieht."

Er ist sehr klug, nein nicht klug. Er ist ... nun, ihr werdet sehen, was er ist.

Yama entgegnete:

"Bitte um Söhne und Enkel, die hundert Jahre lang leben; bitte um Kuhherden, Elefanten, Pferde, Gold oder Land. Bitte darum, solange zu leben, wie du möchtest. Und wenn dir etwas einfällt, was dir noch mehr am Herzen liegt, bitte darum – zusammen mit Reichtum und langem Leben. Du kannst zum Herrscher eines großen Reiches werden und ich gewähre dir die größtmögliche Fähigkeit, die Lebensfreuden zu genießen."

Was versucht Yama? Ihn zu bestechen, nicht wahr? Nun lasst uns ein anderes Wort wählen – er brachte ihn in Versuchung. (Gelächter) Man könnte es als eine Art Bestechung bezeichnen.

Nachiketas entgegnete:

"Diese Freuden währen nur kurz und verbrauchen die Lebenskraft. Alles Leben auf Erden ist vergänglich. Behalte daher deine Pferde, Wagen, Tanz und Musik. Reichtum allein macht Sterbliche nie glücklich. Wie können wir uns Reichtum wünschen, wenn wir dein Antlitz erblicken und erkennen, dass uns in deiner Gegenwart kein Leben beschieden ist? Ich bleibe bei meinem Wunsch. Wie kann ich, der ich Alter und

*Tod ausgeliefert bin, je an einem langen Leben mit
flüchtigen Sinnesfreuden Gefallen finden, nachdem
ich einem Unsterblichen wie dir begegnet bin?
Zerstreue meinen Zweifel, oh Tod: Gibt es ein Leben
nach dem Tod oder nicht?"*

Nachiketas wünscht nichts anderes als die Lüftung des
Geheimnisses dieses großen Mysteriums.
Was also ist Nachiketas? Ein erstrangiger spiritueller Aspirant. Warum? Da er keine anderen Wünsche hat. Er möchte
wissen, was nach dem Tod geschieht. Mit anderen Worten,
gibt es die Seele? Bin ich die Seele oder der Körper, der auf
jeden Fall stirbt? Nichts anderes kann mich verlocken.
Yama erklärte:

*"Die Freude des Selbst, des Atman, ist unvergänglich,
das hingegen, was den Sinnen als angenehm erscheint,
ist vergänglich. Beides, auch wenn sich Sinn und
Zweck unterscheiden, regen den Menschen zum Handeln an. Alles wendet sich zum Besten für diejenigen,
die die Seligkeit des Atman wählen. Aber diejenigen,
die Annehmlichkeiten vorziehen, erreichen das Ziel
nicht."*

Er bringt damit zum Ausdruck, dass wir ständig diese Wahl
haben, d.h. entweder die Annehmlichkeiten des Lebens zu
wählen - was für alle ganz natürlich ist - oder sich darum zu
bemühen, die Seligkeit des Selbst zu gewinnen, was zwar sehr
schwierig ist, aber unvergänglich. Die Sinnesfreuden kommen
und gehen. Isst man z.B. etwas Schmackhaftes, so ist das angenehm, aber gleich wieder vorbei. Erneutes Essen ist dann
notwendig, aber man muss eine Weile damit warten, da die

Sinne sich erholen müssen. Und das neue Essvergnügen ist auch gleich wieder vorbei. Es währt nur einen Augenblick. Alles Erleben der Sinne kommt und geht. Wir hätten jedoch gern ununterbrochene Freude, die Tag und Nacht währt. Aber die Sinne sind von sich aus vergänglicher Natur. Sie können nur vorübergehend Freude geben. Die Sinne erschlaffen und ermüden und müssen sich wieder aufladen. Es ist kein Ende abzusehen. Sie sind wie ein Fass ohne Boden, das niemals voll wird. Aber nach den Worten der Weisen ist die Seligkeit des Selbst, des Atman, dauerhaft, wenn man sie erreicht hat – das liegt im Wesen der Glückseligkeit.

Yamas Aussage nach gibt es immer die Wahl zwischen dem, was angenehm ist und dem was gut und richtig ist. Auf Sanskrit wird das *preyas* und *sreyas* genannt.

"Ewige Seligkeit oder vorübergehende Freuden. Diese Wahl hat man stets zu treffen. Die Weisen erkennen diese zwei Aspekte, jedoch nicht die Unwissenden. Wer die erste Kategorie wählt, heißt willkommen, was zu andauernder Glückseligkeit führt – auch wenn zunächst Schmerz damit verbunden ist. Wer die vergänglichen Freuden wählt, läuft von den Sinnen getrieben, den unmittelbaren Vergnügungen nach."

Wir stehen ständig vor dieser Wahl, nicht nur gelegentlich, sondern jeden Augenblick, entweder dem Vergnügen nachzulaufen oder dem Guten, das meistens am Anfang sehr schmerzlich ist, aber am Ende Glückseligkeit bringt. Das Angenehme ist leicht zu bekommen, führt aber schließlich zu Leid.

"Nun Nachiketas, du hast den flüchtigen Freuden, die den Sinnen so lieb sind, entsagt und hast den Wegen

der Welt, die den Menschen das Lebensziel vergessen lassen, den Rücken gekehrt. Weisheit und Unwissenheit sind weit voneinander entfernt. Das Erste führt zur Selbstverwirklichung, das Zweite entfremdet immer mehr vom wahren Selbst. Nachiketas, ich halte dich für geeignet Unterweisung zu erhalten, da dich vorübergehende Freuden überhaupt nicht reizen."

Du bist also ein guter *Sadhak* – ich werde dich unterweisen. Es ist sinnlos, einer völlig den Sinnen verhafteten Person die Wissenschaft der Selbstverwirklichung zu lehren, da es sie nicht wirklich interessiert. Man sollte zumindest über ein Prozent Interesse an etwas verfügen, das darüber hinausgeht, um sich Spirituelles überhaupt anzuhören oder um die Schriften zu lesen. Nachiketas' Interesse ist natürlich viel größer.

"Es sind nur Wenige, die den Worten über Atman zuhören. Noch geringer ist die Zahl derer, die ihr Leben der Verwirklichung widmen. Wunderbar ist, wer darüber spricht; selten sind diejenigen, die dies zum höchsten Lebensziel machen. Dein Erwachen beruht nicht auf Logik oder Gelehrtheit, sondern auf nahem Umgang mit einem verwirklichten Lehrer. Es ist weise von dir, Nachiketas, das ewige Selbst zu suchen. Möge es mehr Sucher wie dich geben."

Wie erwerben wir nun dieses Wissen? In erster Linie durch Umgang mit einer selbstverwirklichten Seele.

"Erkenne das Selbst als den Wagenlenker."

Yama ist nun gewillt, Nachiketas zu unterweisen. Er lobte ihn als reifen Gottsucher. Was ist nun dieses Selbst?

"Erkenne das Selbst als den Wagenlenker, den Körper als den Wagen, den Intellekt als den Kutscher und den Geist als die Zügel. Die Sinne sind die Pferde, die selbstsüchtigen Wünsche die Straßen, auf denen sie reisen."

Wir sind also der Kutscher, der Körper die Kutsche. Unser Geist und Intellekt halten die Zügel. Womit sind sie verbunden? Mit den Sinnen. Wohin begeben sich die Sinne? (Jemand antwortete: 'zum Wagen'). Sie sind schon mit der Kutsche verbunden – aber wo fahren sie hin? Wenn die Straße die Sinnesobjekte repräsentiert, so ist es die Straße, wo sie hingehen. Die Sinne gehen hinaus auf die Straße. Der Weg symbolisiert also die Sinnesobjekte. Der Sinn der Augen lässt Dinge sehen, die Nase riecht angenehme Düfte, die Ohren hören schöne Musik – das entspricht Wegen, jeder Sinn einem Pferd. Der Geist hält die Zügel und entscheidet, welches Pferd welche Richtung einschlägt. Das ist die Bedeutung.

"Wenn es an Unterscheidungskraft mangelt und der Geist undiszipliniert ist, jagen die Sinne hierhin und dorthin, wie wilde Pferde."

Die Sinne gehen in jede beliebige Richtung, wenn es an Selbstbeherrschung oder Unterscheidungskraft mangelt. Ihr habt das vielleicht selbst erfahren. Man geht durch die Küche; etwas Leckeres steht dort bereit. Du gehst dorthin, obwohl du eigentlich woanders hingehen wolltest. Aber Augen, Nase und Zunge werden angesprochen. Wodurch kommt das?

Die Zügel sind zu locker und die Unterscheidungskraft ist verschwunden. Wir folgen einfach den Sinnen. Das geschieht ständig – mit den Augen, den Ohren, mit allem. Der Geist wird in die jeweilige Richtung der Sinne gezogen.

"Verfügt man über Unterscheidungskraft und konzentrierten den Geist, wird der Geist rein und kann den Zustand der Unsterblichkeit erreichen. Wer diesen Zustand nicht erreicht, wandert von Tod zu Tod. Aber diejenigen mit stillem Geist und reinem Herzen kommen am Reiseziel an und fallen niemals mehr in die Klauen des Todes. Mit Unterscheidungskraft als Kutscher und geschultem Geist als Zügel erreichen sie das höchste Lebensziel – die Vereinigung mit dem Herrn der Liebe."

Wenn wir also die Zügel in der Hand halten, unsere Sinne unserem Willen folgen, statt umgekehrt, wird der Geist ruhig, denn das Einzige, was ihn wirklich in Unruhe versetzt sind die wandernden Sinne. Beherrscht man sie, stellt sich auch innere Ruhe ein. In einem solch ruhigen Geist wird sich der Herr der Liebe, Paramatman, spiegeln. Das ist der Zustand der Unsterblichkeit, in dem wir Gott verwirklichen.

"Steh auf! Erwache!"

Nicht ihr seid gemeint. (Gelächter). Yama spricht zu Nachiketas. Das heißt nicht, dass dieser schlief. Er fordert ihn auf:

"Suche die Führung eines erleuchteten Lehrers und verwirkliche das Selbst."

Es gibt eine bekannte Redensart, die ihr vielleicht gehört habt und die hier ihren Ursprung hat:

"Die Weisen sagen, der Weg sei scharf wie eine Rasierklinge und schwer zu beschreiten."

Das spirituelle Leben, der spirituelle Pfad, ist scharf wie eine Rasierklinge. Die ist ziemlich scharf.

"Das höchste Selbst befindet sich jenseits von Namen, Formen und Sinnen; es ist unbegrenzt, ohne Anfang und Ende. Der in sich Selbst existierende Herr durchdrang die Sinne, um sich nach außen zu wenden. So schauen wir auf die Außenwelt und sehen nicht den Atman in uns."

Der Herr schuf die Sinne so wie sie sind – der Geist fließt durch die Sinne nach außen. Daher wenden wir uns nicht dem Atman, dem inneren Schatz zu.

"Ein Weiser hat seine Sinne von der Welt der Veränderungen zurückgezogen. Auf der Suche nach Unsterblichkeit wandte er sich nach innen und erfuhr das unsterbliche Selbst, den Atman."

Ein spiritueller Mensch also, ein Aspirant, ein Weiser oder Heiliger, der dem Tod entrinnen will – nicht dem Tod des Körpers, sondern dem Gefühl zu sterben, wenn der Körper stirbt - eine von diesem Wunsch inspirierte Person schaut nach innen, beruhigt die Sinne und sucht nach dem inneren Selbst und erhält dann den Anblick Atmans und erreicht die Unsterblichkeit.

Nachiketas fragte:
"Aber wie gelangt man denn zur Verwirklichung dieses Zustandes?"
Yama antwortet:

"Atman ist formlos und kann niemals mit diesen zwei Augen gesehen werden. Aber er offenbart sich im Herzen, das durch Meditation und Beherrschung der Sinne gereinigt wurde. Verwirklicht man ihn, ist man für immer frei vom Kreislauf von Geburt und Tod. Die Weisen bezeichnen die Beruhigung der fünf Sinne als den höchsten Zustand – d.h. wenn Gemüt und Intellekt still sind. Ihrer Aussage nach entspricht Yoga dieser völligen Stille, in der man in einen Zustand der Einheit eingeht, der niemals mehr verlassen wird. Ist man nicht (völlig) darin eingegangen, kommt und geht das Gefühl der Einheit, das weder durch Worte oder Gedanken, noch über die Augen erreicht werden kann. Wie könnte es erreicht werden, außer durch jemanden, der sich selbst in diesem Zustand befindet? Es gibt zwei Ichs: das getrennte Ego und den unteilbaren Atman. Wenn man über "ich", "mich" und "mein" hinauswächst, offenbart sich das wahre Selbst. Entsagt man allen Wünschen, die im Herzen auftauchen, wird aus dem Sterblichen ein Unsterblicher. Werden alle das Herz strangulierenden Knoten gelöst, vollzieht sich der Wandel zur Unsterblichkeit. Diese

Aussage fasst die Lehre der Upanischaden zusammen.
Der Herr der Liebe, nicht größer als ein Daumen,
wohnt immer im Herzen aller. Löse ihn klar von der
physischen Hülle, so wie man das Gras vom Stengel
trennt. Erkenne dich als rein und unsterblich, erken-
ne dich als reiner Unsterblicher.

Nachiketas lernte vom König des Todes die gesamte
Disziplin der Meditation, wodurch er das Gefühl der
Getrenntheit verlor. Er gewann Unsterblichkeit in
Brahman, dem höchsten Sein. So gesegnet ist jeder,
der sein Selbst erkennt."

Was Yama ihn hier lehrt ist ganz klar: Geistesstille durch spirituelle Übungen, dann ist eine Vision Gottes, bzw. des Selbst möglich und das entspricht dem höchsten Zustand. Die Individualität taucht dann in das Meer der Glückseligkeit ein. Das bedeutet Unsterblichkeit.

Nachiketas ist das Beispiel eines jungen Menschen in alten Zeiten, der die Verwirklichung erreichte. Ich habe versprochen, euch die Geschichte Andals zu erzählen, aber euch damit seit wer weiß wie vielen Wochen hingehalten. Heute sprechen wir über sie, da sie ebenfalls eine sehr junge Heilige war – so wie Amma, in vielerlei Hinsicht.

Die Geschichte von Andal und Bhagavan Sri Vishnu

Vor ungefähr zwölfhundert Jahren lebte ein *Mahatma* in der Nähe von Madurai im indischen Bundesstaat Tamil Nadu.

Viele von euch haben vielleicht schon von Madurai gehört.
Es gab dort eine Gruppe Heiliger. Sie lebten nicht alle zur selben Zeit und wurden als "Alwars" bezeichnet, d.h. Menschen,
die in göttlichem Bewusstsein leben. Einer wurde "Periyalwar"
genannt, das bedeutet "der älteste oder der große Alwar". Er
hatte eine besondere Gottesbeziehung. Der von ihm verehrte
göttliche Aspekt, sein *ishta devata* war Krishna. Seine Liebe
zu Krishna entsprach der von Eltern zum Kind. Daher verehrte er das Kind Krishna, Bala-Krishna. Als er die Vision Gottes
erhielt, war es in dieser Gestalt. Die Leute nannten ihn
"Periyalwar", da er wie ein Vater für Krishna war.

Er war zur damaligen Zeit wegen seiner Heiligkeit sehr
bekannt. Sogar die Könige wussten von ihm und respektier-
ten ihn. Er führte eine sehr schöne geistige Übung aus: Er be-
pflanzte einige Gärten mit Blumen und Tulasipflanzen. Tulasi
ist die Basilikumpflanze, die Vishnu, bzw. Krishna, so gern mag.
Er fertigte jeden Tag eine große Girlande aus all den Garten-
blumen an, um sie am Abend im Vishnutempel darzubringen.
Als er eines Tages im Garten Unkraut jätete und alles um
die Tulasipflanzen herum ausrupfte, fand er zu seinem Erstau-
nen ein kleines Mädchen im Babyalter. Es lag dort unter den
Tulasipflanzen. Periyalwar wunderte sich, blickte umher, sah
jedoch niemanden. Es waren keine Eltern oder irgendjemand
zu sehen. So dachte er: "Das muss eine Gottesgabe sein." So
nahm er das kleine Mädchen zu sich und begann sie aufzuzie-
hen. Er nannte sie "Goda", das bedeutet "aus der Erde geboren". Mit anderen Worten, als ob sie der Erde dort entsprun-
gen wäre. Er erzog sie im Glauben an Gott – so wie es bei ihm
der Fall war. Sie sah, wie er Gott tagtäglich verehrte – eingetaucht in göttliches Bewusstsein. Sie ahmte seine Lebensweise nach.

Godas Verhältnis zu Gott war ein sehr schönes, jedoch nicht ganz das gleiche wie das ihres Ziehvaters. Sie verehrte Bhagavan Krishna als ihren Geliebten. Sie wollte ihn heiraten, seine Braut sein. Ihr habt vielleicht schon von Braut-Mystik gehört. Dabei betrachtet man Gott als den Geliebten und möchte ihn heiraten, d.h., für immer eins mit ihm werden. Sie hatte also diese Einstellung. Diese Art von Gefühl für Vishnu war für sie ganz natürlich.

Periyalwar fertigte die zuvor erwähnten schönen Girlanden an und legte sie dann in einen Korb. Nach seinem Bad am Abend brachte er sie zum Tempel, um sie Gott darzubringen. Während er fort war, um sein Bad zu nehmen, nahm Goda die Girlande, legte sie sich selbst um, stellte sich vor einen Spiegel, in dem sie sich ganz sehen konnte und dachte: "Bin ich schön genug für Bhagavan?" Sie fragte sich, ob Bhagavan sie wohl heiraten würde oder nicht. Sie wollte nur sehen, ob sie hübsch aussah. Dann nahm sie die Girlande wieder ab und legte sie in den Korb zurück, bevor ihr Vater kam.

Viele Tage spielte es sich auf diese Weise ab. Eines Tages beschloss Bhagavan, Godas Hingabe allgemein bekannt werden zu lassen. Als Periyalwar eines Abends die Girlande zum Tempel brachte, veranlasste Krishna, dass dem Priester ein langes, schwarzes Haar an der Girlande auffiel. Er rief aus: "Was ist das? Jemand hat die Girlande getragen! Was spielt sich hier ab? Wie kannst du sie Gott anbieten, wenn du sie schon jemand anderem gegeben hast?!" Periyalwar war schockiert. Er nahm die Girlande und ging heim. Er sagte nichts zu Goda. Er wollte sie auf frischer Tat ertappen.

Am nächsten Tag fertigte er eine andere Girlande an, legte sie in den Korb und ging hinaus, als ob er ein Bad nehmen würde. Aber er kam auf der anderen Seite zurück und stellte sich in die Nähe des Fensters. Dann sah er, wie Goda vor dem

Spiegel die Girlande umlegte und sich von allen Seiten betrachtete. Es geschah nicht aus Eitelkeit; sie bewunderte sich nicht selbst. Sie fragte sich nur, ob Bhagavan mit ihr als Braut zufrieden sein würde. Dann rannte er hinein und rief: "Was für ein Sakrileg das ist – schrecklich! Wer hat dir das beigebracht?" Sie fühlte sich etwas eingeschüchtert und antwortete nicht. An diesem Abend konnte Periyalwar die Girlande ebenfalls nicht Bhagavan darbringen. Äußerst aufgebracht schlief er ein. In der Nacht hatte er einen lebhaften Traum.

Vishnu erschien ihm und sagte: "Periyalwar, bringe mir keine Girlanden außer denen, die Goda getragen hat. Der Duft ihrer Liebe verleiht ihnen so viel, dass ich die anderen nicht mehr mag. Achte also darauf, dass sie die Girlande umgelegt hat, bevor du sie zu mir bringst". Milde ausgedrückt, war Periwar recht überrascht! Ihm wurde klar, dass dieses Kind ein göttliches war, ein Lieblingskind Gottes. Er änderte ihren Namen dann zu Andal, was "in göttliche Eigenschaften Eingetauchte" bedeutet, mit anderen Worten: eine von Gott erfüllte Person. Andal ging jeden Morgen (insbesondere im Winter, um Dezember-Januar herum) mit ihren Freundinnen zum Tempelteich, um ein Bad zu nehmen. Anschließend begaben sie sich in den Krishnatempel, sangen ihm Lieder, baten ihn, sie zu heiraten und die Welt mit Frieden zu segnen. Sie schrieb wunderschöne Lieder, darunter ein Lied mit 30 Versen, das "Tiruppavai" genannt wurde und noch heute nach zwölfhundert Jahren zu besagter Winterzeit in allen Vishnutempel Südindiens gesungen wird. Alle Vaishnavas singen die Strophen bei sich zu Haus. Sie sind wunderschön.

Das ging eine ganze Weile so, bis sie herangewachsen war. Es war an der Zeit, sie zu verheiraten. Periwar wurde etwas besorgt, da sie fast verrückt nach Gott zu sein schien. Er dachte wie viele andere Leute auch: "Nun, wenn wir sie verheiraten, wird sie wieder mit beiden Beinen auf die Erde zurückkommen." So begann er, sich nach einem geeigneten Bräutigam umzuschauen. Als Andal davon erfuhr, regte sie sich sehr auf.

Ihr habt vielleicht in Ammas Lebensgeschichte gelesen, wie viele Versuche unternommen wurden, sie zu verheiraten. Es war unmöglich. Sie legte jedes Mal Hindernisse in den Weg. Wisst ihr, einige der Dinge, die sie tat, sind recht interessant.

Als sie einen Jungen ins Haus brachten, um ihn vorzustellen, stand sie mit einer großen Mörserkeule am Küchenfenster und schwang ihn, als wolle sie ihn zu Brei schlagen – man bedenke, dass es sich um einen potentiellen Bräutigam handelte. Er verschwand wie eine Rakete in die andere Richtung. Sie tat Vieles, um ihre Eltern von dem Vorhaben abzubringen, sie zu verheiraten – schließlich gaben sie auf. Sie gingen zu einem Astrologen, der ihnen sagte, dass sie Glück gehabt hätten, dass sie das Mädchen nicht verheiraten konnten, denn wer immer es gewesen wäre, hätte vermutlich bald den Tod gefunden. Sie wäre nicht für eine Ehe gedacht, da sie eine göttliche Persönlichkeit, eine Yogini sei.

Der Astrologe war Amma nie begegnet. Allein vom Horoskop konnte er diese Aussage machen.

Auch Andal wollte nicht verheiratet werden. Periyalwar war ein *mahatma* und kein gewöhnlicher Mensch. Er hatte nicht die Absicht, seine Tochter zu zwingen. Ihm war bewusst, dass sie eine Heilige war, so fragte er: "Okay, was ist dein Wunsch? Was möchtest du mit deinem Leben anfangen?"

Sie antwortete: "Ich will nur Bhagavan heiraten."

"Welchen Bhagavan?"

"Vishnu."

"Welchen Vishnu? Es gibt so viele davon."

"Was meinst du mit vielen Vishnus?"

"Nun, es gibt viele Vishnu-Tempel."

Er begann, ihr von den verschiedenen Vishnus zu erzählen. Als er schließlich zu dem in Ranganathan in Srirangam kam, errötete sie. Weitere Fragen erübrigten sich. Er verstand, dass dies der Vishnu war, den sie heiraten wollte, den sie in ihren Träumen und Meditationen sah.

So überlegte er: "Nun, wie verheirate ich dieses Mädchen mit einem Stein? Unmöglich. Auch wenn Vishnu kein Stein ist, so hat Sri Ranganatha zweifellos eine Gestalt aus Stein. Wie verheirate ich meine Tochter aus Fleisch und Blut mit einem Gott aus Stein?" Er befand sich in einer Zwangslage. In der folgenden Nacht hatte er einen weiteren Traum, in dem Ranganatha sagte: "Keine Sorge, ich arrangiere alles." So rief Periyalwar all seine Verwandten. Sie setzten Andal in eine Sänfte und machten sich auf den Weg zum Tempel in Sri Rangam. In der Zwischenzeit erschien Sri Ranganathan den Priestern in Sri Rangam und erklärte: "Meine Geliebte kommt, meine Braut kommt. Bereitet die Hochzeitszeremonie vor." Als sich alle in der Nähe des Tempels trafen, hießen die Priester sie in allen Ehren als die Braut des Herrn willkommen. Aber noch niemand wusste, was geschehen würde, wie die Heirat stattfinden sollte. Sie dachten natürlicherweise, Andal in den Tempel zu schicken und einige Rituale auszuführen, wäre das Äußerste, wozu es kommen könnte, und dass es damit erledigt sei. Sie würde mit ihrem Vater nach Hause zurückkehren und bis ans Lebensende glücklich sein. Aber so geschah es nicht.

Sie betraten den Tempel und als Andal Sri Ranganathan erblickte – sie hatte das Bildnis noch nie gesehen – brach sie in Tränen aus und strahlte ein starkes Licht aus. Wie in Trance ging sie auf das Tempel-Bildnis zu - stand davor und strahlte immer stärker - bis sie sich schließlich in Licht auflöste. Alle Anwesenden standen schockiert da, insbesondere Periyalwar, der seine Tochter verloren hatte. Aber nun wurde ihm alles klar – sie war die göttliche Mutter selbst.

Dasselbe geschah mit einer anderen Heiligen. Ich erzähle nicht die ganze Geschichte über Mirabai, da sie sehr bekannt ist. Auch sie war verrückt nach Krishna und ihr Leben endete auf die gleiche Weise. Sie suchte einen Krishnatempel in Dwaraka auf, ging auf das Bildnis zu und ging in Licht auf. Es gibt kein Grabmal (*samadhi*) von Mirabai. Beide Frauen sind weibliche *mahatmas*. Sie lösten sich einfach auf. Es gibt ein schönes Gedicht, das ein bengalischer *bhakta* Andal zu Ehren schrieb. Nachdem er Andals Geschichte gelesen hatte, verfasste er dieses kleine Gedicht, das ich euch jetzt vorlese:

Wie eine selige Fontäne, oh Heilige, strömtest du deine kristallklare Liebe und Ekstase aus dem Kern deines reichen Herzens zu Gott hin aus.

Oh Vogel mit frohlockend ausgebreiteten Schwingen, den Gipfel der Anbetung hast du überschritten.

Himmel und Erde waren erfreut und trinken für immer mit großen Zügen die nektargleiche Melodie deines Liedes.

Deine Liebe war nicht von dieser Erde. Keine in sterblicher Liebe entbrannte Seele einer Frau kannte je eine solche Sehnsucht.

So heiratetest du den großen Gott selbst, oh Ziel jenseits von uns, unserem trüben Erkennen nicht zugänglich.

Seele ging zu Seele; gleich einem Strahl, der in die
Sonne eingeht, verschwandest du, oh mystisches
Wesen.

Om Namah Sivaya.

Satsang im 'M.A. Center', 1994, Band 1, Seite B

Vertrauen in Amma

Zunächst einmal möchte ich euch sagen, wie sehr ich mich freue, wieder hier zu sein und euch alle zu sehen. Ich war einen Monat lang in Indien und ich nehme an, die meisten von euch wissen, dass ich dort war, weil es mir längere Zeit nicht so gut gegangen war. Amma umarmte mich ein einziges Mal und das war mehr oder weniger der Anfang vom Ende des Problems. Daraus ergab sich mein Vortragthema für heute Abend – „Vertrauen in Amma."

Vollkommener Glaube bedeutet Selbstverwirklichung

Amma sagt, dass Gottverwirklichung das Ziel des menschlichen Lebens ist. Da wir spirituell ausgerichtet sind, wissen wir das. Das Verlangen nach Glück, das uns bei allem, was wir tun, nie verlässt, kann nur durch die Glückseligkeit, die durch Gottverwirklichung gewonnen wird, befriedigt werden. Da dieser Durst unendlich ist, kann er nur durch etwas Unbegrenztes gelöscht werden. Deshalb kann uns kein begrenztes Handeln und kurzfristiges Glück das geben, was wir suchen. Es gelingt uns auch nicht, diesen Durst jemals abzustellen, da wir nicht sagen können: „Oh, es reicht mir! Ich werde von

nun an einfach glücklich sein." Ohne in Gott einzugehen,
bzw. das wahre Selbst zu verwirklichen, ist man unfähig, be-
ständig glücklich zu sein.

Laut Amma setzt dies vollkommenes Gottvertrauen voraus, was ebenfalls Selbst- bzw. Gottverwirklichung bedeutet.
Das ist eine recht rätselhafte Aussage. Was meint sie damit?
Für uns sind die Welt und der Körper real - die einzige Wirklichkeit. Gott (*Atman*) hingegen ist für uns keine Realität,
sondern nur etwas Abstraktes. Die Leute benutzen das Wort
Gott auf vielerlei Weise. Für uns existiert nur der Begriff, da
wir über keine echte Erfahrung verfügen. Wir bezeichnen es
als *maya* (Täuschung), wenn für uns weder Gott noch Atman
real existieren, hingegen Körper, Persönlichkeit und Welt uns
wirklich erscheinen. Dies bedeutet, dass wir uns unter dem
Einfluss der kosmischen Täuschung *(maya)* befinden. Es ist
dann unmöglich, die unbegrenzte Seligkeit der Gottverwirklichung zu spüren. Aus diesem Grund gibt uns Amma
den entgegengesetzten Rat, nämlich die Vorstellung zu kultivieren, dass nur Gott real ist und dass der Körper, die Persönlichkeit und die Welt unwirklich sind - nur Träume im kosmischen Sein, im reinen Bewusstsein. Allerdings ist es unzureichend, lediglich die Vorstellung zu kultivieren, wir müssen es
leben und das ist sehr viel schwieriger. In der Tat ist dies die
Hauptschwierigkeit im spirituellen Leben. Geistige Lebensführung bedeutet nicht nur, 108 Mal am Morgen und am Abend
das Mantra zu rezitieren, eine Puja auszuführen, zu meditieren,
heilige Orte und Amma aufzusuchen. Nein, das ist für ein spirituelles Leben noch nicht alles. Wahre Spiritualität bedeutet
Gottvertrauen als Lebensgrundlage, im Glauben zu leben, dass
Gott allein existiert, nur Atman real ist und alles andere ein
Traum. Das ist echte Spiritualität, wahre Religion; das ist

dharma und *tapas*; das ist das Wesentliche im spirituellen Leben.

Der Atheist, der vom Felsen stürzt

Viele von euch haben die Geschichte wahrscheinlich schon gehört, aber sie passt sehr gut zum Thema. Außerdem ist die Geschichte vom Atheisten, der vom Felsen stürzt, sehr lustig. Er fiel beim Rennen. Beim Fall erwischte er einen Zweig, der aus der Bergseite herauswuchs. Er hielt sich daran fest und unter ihm gähnte ein Abgrund von ungefähr 300 Metern. Der Sturz wäre sein Ende gewesen, er würde zerschmettert. Als er dort am Ast hing, fühlte er, wie seine Kräfte dahinschwanden und er sich nicht mehr festhalten konnte. Er versuchte sein Bestes, um einen Ausweg aus seiner Zwangslage zu finden. Schließlich fiel ihm Gott ein. Bis zu diesem Zeitpunkt hatte er sich nicht mit ihm befasst, nie an ihn gedacht. Aber nun kam ihm der Gedanke an Gott. So rief er: „Oh Gott!"

Keine Antwort. Und er dachte: „Was habe ich zu verlieren? Ich versuche es noch einmal. Vielleicht hat er mich nicht gehört. Oh Gott! Wenn du mich rettest, werde ich für den Rest meines Lebens an dich glauben und deine Herrlichkeit in der ganzen Welt verbreiten! „
Keine Antwort. Stille.
„Gott, hörst du mich nicht? Ich meine es ernst; wenn du mich rettest, werde ich an dich glauben."
Stille. Nach einer Weile ertönte eine donnernde Stimme aus dem Tal:
„Das sagt ihr alle, wenn ihr in Schwierigkeiten seid." Der Mann erschauerte und antwortete: „Nein, Gott, ich bin anders! Ich tue alles, was du sagst, wenn du mich nur rettest. Ich werde dich dann in der ganzen Welt rühmen!"

Die Stimme sprach: „Nun gut, lass den Zweig los." Der Mann entgegnete: „Was? Glaubst du, ich bin verrückt?" Das war sein Gottvertrauen, so gering war sein Glaube! Selbst als er die Stimme Gottes hörte, gelang es ihm trotzdem nicht, darauf zu hören. Er hatte mehr Vertrauen in die materielle Welt.

Darin besteht der Kern des Problems. Amma rät uns zu Gottvertrauen und Glauben an einen gottverwirklichten Guru. Das ist ausreichend. Dann wird alles den richtigen Gang nehmen, da es der magische Schlüssel zu Vollkommenheit und Glück ist. Aber wenn es darum geht, die Lebensprobleme mit Gottvertrauen anzugehen, ist unser Glaube völlig dahin und wir stecken wieder in unserer Weltlichkeit. Alles ist in Ordnung, solange wir Bhajans singen oder uns in Ammas Armen befinden. Aber beim kleinsten Problem löst sich alles in Luft auf.

In der Gita wird sehr betont, dass das, was wir sind, exakt im Verhältnis zu unserem Glauben steht. Man könnte es auch so ausdrücken, dass in den Augen Gottes oder einer selbstverwirklichten Seele unser Niveau durch die Stärke unseres Glaubens, bzw. den Grad unseres Gottvertrauens bestimmt wird. Krishna sagt in der Gita: „Der Glaube eines jeden entspricht seinem Naturell. Der Mensch wird durch seinen Glauben definiert."

Das ist es also, was die Menschen bestimmt. Es lässt sich folgendermaßen ausdrücken: Woran man glaubt und die Intensität des Glaubens geben genaue Auskunft über unsere Entwicklungsebene. Jeder von uns glaubt mit Sicherheit an irgendetwas. Wir lesen weiter in Ammas Worten, dass niemand ohne einen Glauben an irgendetwas existieren kann, denn es würde jede Existenzgrundlage entziehen. Warum?

Glaube und Vertrauen sind für Gottverwirklichung unerlässlich.

Jemand stellt Amma die Frage: „Beruht die Behauptung, dass es einen Gott gibt, nicht auf blindem Glauben?"
Amma antwortet, dass es in Wirklichkeit keinen blinden Glauben gibt, oder dass sonst aller Glaube blind wäre. Warum?

Sie sagt:

„Kinder, die Lebensgrundlage aller Menschen ist ihr Glaube. Jeden Schritt machen wir im Vertrauen, dass sich nichts auf unserem Weg befindet, das uns schadet. Wir würden keinen Schritt vorangehen, wenn wir glauben, dass sich auf dem Weg eine Schlange befinden könnte. Wir essen Restaurantmahlzeiten, weil wir darauf vertrauen, dass es ungefährlich ist, obwohl es Menschen gibt, die an Lebensmittelvergiftung sterben, nicht wahr? Das Leben als solches wäre ohne blindes Vertrauen unmöglich.
Wenn wir in einen Bus einsteigen, vertrauen wir dem Fahrer, obwohl er uns völlig unbekannt ist. Es wäre jedoch durchaus möglich, dass er einen schweren Unfall auslöst. Wie viele Bus- und Autounfälle gibt es jeden Tag! Was veranlasst uns, trotzdem weiterhin einen Bus oder ein Auto zu benutzen? Ist es nicht Glaube, bzw. Vertrauen? Was das Reisen in einem Flugzeug betrifft, so überlebt normalerweise keine einzige Person einen Absturz, trotzdem vertrauen wir darauf, dass der Pilot uns sicher ans Ziel bringt."

„Nehmen wir den Fall eines Geschäftsmannes. Was veranlasst ihn, eine Firma zu gründen? Geschieht es nicht im Glauben, dass er Gewinn machen wird? Welche Garantie haben wir, dass alles erwartungsgemäß abläuft? Absolut keine. Wieso machen wir dann alle in der üblichen Weise weiter? Weil wir Glauben haben!"

Allerdings unterscheidet Amma zwischen dem Glauben an weltliche Dinge oder an Gott, Spiritualität oder gottverwirklichte Menschen.

„Wahrer Glaube ist von anderer Art als der zuvor erwähnte. Er sollte auf wesentlichen Prinzipien basieren, nur dann kann man wirklich von Glauben sprechen. Auf solchem Glauben an Gott beruhte die Lebensführung unserer Vorfahren. Keiner von ihnen glaubte blindlings."

Was meint Amma mit diesen Worten? Dass es bei ihnen nicht eine Angelegenheit des Glaubens an Gott war, sondern dass sie ihn erlebten.

„Wer Gott von Angesicht zu Angesicht gesehen hat, wird zum Zeugen seiner Existenz. Ihr Zeugnis verliert nicht dadurch ihren Wert, dass wir ihn nicht erblickt haben. Wer Gott erfahren hat, beschreibt auf welche Weise es für andere möglich ist, ihn ebenfalls zu sehen. Es ist nicht richtig, das Zeugnis der Vorfahren zurückzuweisen, ohne zu versuchen, ihrem Rat zu folgen, oder? Ist es nicht eine Art blinder Glaube, etwas abzulehnen, das man nicht ausprobiert hat?"

Aus welchem Grunde sollten wir den Worten Vertrauen schenken, dass es unsinnig sei, an die Aussage von irgendwelchen *rishis* oder *mahatmas* zu glauben, dass sie Gott gesehen hätten, wir uns ebenfalls darum bemühen sollten und ihre Wegbeschreibung zu diesem Ziel? Das Argument, wie könne man wissen, ob sie Gott wirklich gesehen haben, lässt sich mit einer Bezweiflung der Behauptung des Großvaters vergleichen, seinen Großvater gesehen zu haben. Wie kann ich das glauben, bzw. sicher sein, dass es stimmt, dass mein Großvater meinen Ur-Urgroßvater gesehen hat? Beweisen lässt es sich nicht, aber er hat ihn sicherlich gesehen. Man vertraut seinem Wort. Auf dieselbe Weise akzeptiert man die Aussagen von vertrauenswürdigen Menschen, bzw. Weisen, dass Gott existiert, sie ihn gesehen haben und man vertraut der Wegbeschreibung für die Gottverwirklichung. Vertrauen in einen Guru oder selbstverwirklichten Meister ist wesentlich. Es ist der Ausgangspunkt für die Gottverwirklichung.

„Um zu einem unbekannten Ort zu gelangen, ist es unerlässlich, einem Fremdenführer zu vertrauen. Wenn das notwendig ist, um ein Ziel auf der materiellen Ebene zu erreichen, was spricht dann dagegen, einer selbstverwirklichten Seele zu vertrauen, um die höchst subtile und mysteriöse Wirklichkeit zu erreichen?"

„Man muss wie ein Kind sein"

Gottvertrauen ist unerlässlich für die Selbstverwirklichung, ist jedoch nicht darauf beschränkt. Vertrauen bzw. Glaube ist für jede Art guter Lebensführung notwendig. In Gottvertrauen oder Glauben in den Guru liegt in der Tat das Geheimnis zur Entwicklung eines vollkommenen Lebens. Amma erläutert, warum das der Fall ist:

„Gottvertrauen verleiht die notwendige innere Stärke, um den Problemen im Leben entgegenzutreten. Der Glaube an Gottes Existenz verleiht Schutz und ein Gefühl der Sicherheit und des Schutzes gegenüber den unguten Einflüssen der Welt. Das Vertrauen in eine übergeordnete Kraft und eine dementsprechende Lebensführung wird als Religion bezeichnet. Durch Religiosität steigt unser moralisches Niveau, was dazu beiträgt, uns von unguten Einwirkungen fern zu halten. Wir trinken und rauchen nicht und hören auf, unsere Energie durch unnötiges Reden und Tratschen zu verschwenden. Moralische Lebensführung, bzw. einwandfreier Charakter sind ein Schritt in Richtung Spiritualität.

Glauben und Vertrauen bringen also die verschiedenen Schritte zu echter Spiritualität hervor - ganz zu schweigen von dem Nutzen inmitten von Lebensproblemen unerschüttert zu bleiben. Außerdem entwickeln wir Qualitäten wie Liebe, Mitgefühl, Geduld, inneres Gleichgewicht und andere positive Eigenschaften, was wiederum dazu beiträgt, alle gleichermaßen zu lieben und zu helfen ohne Unterschiede zu machen. Religion lässt sich mit Glauben gleichsetzen. Er bringt Harmonie, Einheit und Liebe. Ein Ungläubiger wird immer von Zweifeln geplagt; er glaubt nicht an Einheit oder Liebe. Stattdessen besteht eine Vorliebe zum Trennen und Zerteilen. Alles ist Nahrung für den Intellekt. Es fehlt an innerem Frieden. Er ist ruhelos, stellt stets in Frage. Daher ist das gesamte Lebensfundament mangels Glauben an ein höheres Prinzip instabil und brüchig."

Wir haben hier früher das Bhagavatam, Ramayana und
Mahabharata gelesen. All diese alten Geschichten wurden vor
Tausenden von Jahren von den Rishis geschrieben. Sie wie-
sen darauf hin, dass sie nicht dazu gedacht sind, sie mit dem
Verstand zu lesen. Es ist nicht notwendig, sich zu bemühen,
die dahinterstehende Absicht zu erkennen, nicht einmal die
innere Bedeutung der Geschichten. Wir sollten sie lesen wie
Kinder, die Kindergeschichten lesen, dann werden wir wie
ein Kind. Nun, Amma hat bei ihrem letzten und vorletzten
Aufenthalt hier wiederholt betont – wie auch in den vorher-
gehenden Jahren – dass wir zu sehr im Kopf sind. Wir sind
nicht glücklich, weil unser Herz ganz trocken geworden ist.
All unsere Konzentration und Aufmerksamkeit, lenken wir
zum Denken, Verstehen und für Wissensansammlung in den
Kopf, unser Schwerpunkt liegt dort. Das Herz ist jedoch nicht
dabei. Ein bisschen Kopf ist notwendig. Gegen den Verstand
als solches ist nichts einzuwenden; wir brauchen ihn. Nur das
Hauptgewicht sollte nicht dort liegen, sondern im Herzen,
denn dort wohnt Gott. Dort leuchtet *Atman* – und nicht im
Intellekt, dessen Aufgabe es ist, Assistent zu sein. Wenn wir
wie ein Kind sind, können wir besagten Glauben und Glück
gewinnen, nicht wahr? Sagte nicht Christus, dass man wie
ein kleines Kind sein müsse, um in das Reich Gottes eingehen
zu können?

In dem Augenblick ist Gott in dir lebendig

*„Ein Mensch mit wahrem Glauben ist unerschütter-
lich. Ein gläubiger Mensch kann inneren Frieden finden."*

Es ist zu bedenken, dass Amma damit nicht nur eine Religionszugehörigkeit meint, sondern Gottvertrauen. Glaubt ein Mensch an spirituelle Prinzipien oder an ein göttliches Wesen – auch ohne offizielle Religionszugehörigkeit – ergibt sich daraus eine gläubige Lebensführung. Außerdem erwähnt sie hier auch, dass ein gläubiger Mensch an Einheit, Liebe und Frieden glaubt und nicht an Getrenntheit und Disharmonie. Amma bezieht sich nicht auf Religionsgläubigkeit im engeren, sondern im weiteren Sinn.

„Mangels Glauben an eine übergeordnete Kraft, haben Ungläubige nichts, woran sie sich in widrigen Umständen festhalten und dem sie sich völlig anvertrauen können. Für einen Gläubigen ist Gott das höchste Sein. Gott kann erfahren werden. Durch Seine Gegenwart in uns werden Eigenschaften wie wunschlose Liebe, Mitgefühl, Duldsamkeit, Verzicht in uns lebendig."

Diese Aussage von Amma ist sehr schön. Natürlich trifft das auf all ihre Worte zu, aber diese sind besonders schön. Sie sagt damit, dass Gott im Inneren des Menschen in dem Augenblick lebendig wird, wo wir Qualitäten wie uneigennützige Liebe, (Liebe ohne Erwartung einer Gegenleistung) Mitgefühl und Geduld zeigen oder – zu unserem eigenen Vorteil - auf etwas Schädliches verzichten. Gott ist zwar schon in uns vorhanden, aber seine Gegenwart beginnt dann durch uns hindurch zu leuchten und gegenwärtig zu bleiben. Man beginnt den Nutzen eines solchen Lebens zu erfahren. Es ist eine generelle Erfahrung, dass ein verfeinertes Glücksgefühl einen Augenblick lang oder sogar länger auftaucht, wenn eine der oben genannten Eigenschaften gelebt wird – im Gegensatz zur Freude von Bekommen, Nehmen und weltlichem Vergnügen. Es handelt sich um die viel feinere Freude, die durch innere Erweiterung eintritt. Sie wird durch die Entwicklung dieser Prinzipien, bzw. dieser spirituellen Eigenschaften gewonnen.

„Verfügt ein Ungläubiger über diese Qualitäten, so kommt ihm derselbe Gewinn zu wie einem Gläubigen. Mit dieser Bezeichnung meine ich nicht jemanden, der an einen Gott oder an eine Göttin glaubt, sondern eine Person, die höhere Prinzipien schätzt und gewillt ist, dafür alles zu opfern. Lebt ein Ungläubiger nach diesen Werten, befindet er sich auf demselben Niveau wie der Gläubige. Wenn andererseits diese Qualitäten nur aufgesetzt sind – lediglich an der Oberfläche und nicht tiefer gehen – dann erhält der Betreffende nicht den Gewinn eines wahren Gläubigen. Es kommt häufig vor, dass Ungläubige über Werte sprechen, sie aber nicht umsetzen. Diese Menschen sind oberflächlich und inszenieren nur eine eindrucksvolle Show. Es mangelt ihnen an Halt, da ihnen der Glaube an den höchsten Regenten des Universums fehlt, der ihnen hilft, die Lebensprobleme zu lösen."

Die Geschichte Hiobs

Im alten Testament gibt es eine schöne Geschichte – die Geschichte Hiobs. Viele von uns kennen sie, aber es lohnt sich, sie zu wiederholen. Hiob war sehr tugendhaft und sehr wohlhabend, äußerst wohlhabend! Er war der reichste Mann in seinem Land. Er besaß Tausende von Rindern und Schafen und ein Vielfaches an Kamelen. Außer viel Geld gehörte ihm auch noch viel Land. Hiob hatte auch zehn Kinder und er war so fromm, dass er zehn Mal am Tag eine Puja ausführte. Warum 10 Mal am Tag? Weil er zehn Kinder hatte. Er sorgte sich darum, dass sie Fehler begehen könnten. Zum Ausgleich ihrer Fehler hielt er für sie eine Puja ab. Er war überzeugt davon, dass dies nicht verkehrt sein konnte.

Eines Tages gab es in *Brahmaloka* einen *satsang* – so wie wir hier Satsangs haben. Auch in höheren Welten gibt es Satsangs. Wirklich! Diese Aussage kann man in den Schriften finden. Gott war anwesend und es kamen viele kleine Gottheiten, die *devatas*. Auch einige *rakshasas* erschienen. *Rakshasas* und *pisachas* sind dämonische Wesen. In der Bibel wird ihr Oberhaupt Satan genannt. Er ist der größte unter den Rakshasas. Er ist sozusagen der Chef der Rakshasa-Mafia. Ich weiß nicht, wie er in den indischen Schriften bezeichnet wird. Er muss nicht unbedingt spitze Ohren, einen Schwanz usw. haben. Es lässt sich nicht genau sagen, wie er aussieht. Aber wir wissen, dass sein Anblick erschreckend ist.

Satan erschien und setzte sich unter die Anwesenden, weil in jener göttlichen Sphäre alle an den Vorgängen in der Welt teilnehmen. Man muss kein großer Gottesverehrer sein, um dorthin zu gelangen. Nach dem Tod kommt jeder dorthin – nicht unbedingt nach Brahmaloka, aber in die feinstofflichen Welten. Satan ging also zum Satsang dorthin und saß unter den Anwesenden. Gott fragte ihn:

„Satan, wo warst du heute? Irgendetwas Besonderes?"

Er antwortete: „Ich war unten auf der Erde. Ich streifte herum, um zu sehen, ob es etwas für mich zu tun gab."

Gott fragte weiter: „Hast du meinen Diener Hiob gesehen? Er ist mein bester Diener. Er ist der beste Mensch auf Erden. Hast du ihn dort angetroffen?"

Satan antwortete: „Ich sah ihn. Was ist an ihm so großartig? Du bezahlst ihn gut. Er hat allen Grund dich zu verehren. Du hast ihm all sein Land, Kamele und viele Kinder gegeben. Er hat alles. Warum sollte er dich nicht anbeten? Wenn du seinen wirklichen Wert feststellen willst, nimm ihm all seinen Reichtum."

Daraufhin erlaubte Gott ihm, ihm jeglichen Schaden zuzufügen, aber seinem Körper durfte er nichts antun.

So kehrte Satan auf die Erde zurück. Und was geschah?

Als Hiob am nächsten Tag in seinem Haus saß, erhielt er die Nachricht, dass seine Kuhherde durch einen Blitz vernichtet und die Schafe von benachbarten Stämmen gestohlen worden waren. Die Kamele starben an vergiftetem Wasser. Aber damit noch nicht genug, alle seine Kinder fanden im Haus des Bruders durch einen Tornado den Tod.

Was sagte Hiob daraufhin? Was wir wohl an seiner Stelle gesagt hätten?

Seine Worte waren: „Ich wurde nackt geboren und sterbe nackt. Ich kam mit nichts und gehe mit nichts. Was bleibt mir zu sagen? Gott gab und nahm mir alles. Sein Wille geschehe".

Das war Hiobs Haltung. Aus diesem Grunde betrachtete Gott ihn als seinen größten Verehrer.

Am nächsten Tag gab es wieder einen Satsang in Brahmaloka. Und Satan fand sich selbstverständlich dort ein. Er verpasst nie einen Satsang, da es für ihn eine Chance ist, Schaden anzurichten! Gott wandte sich wiederum an ihn mit der Frage, ob er Hiob gesehen habe und was geschehen sei.

Satan antwortete: „Nun, du hattest recht. Er ist recht gut. Aber es handelte sich nur um Dinge und nicht um ihn selbst.

Erlaube mir, ihn krank zu machen, seinen Körper wirklich leiden zu lassen. Wenn er dich dann nicht verflucht, gebe ich dir recht, dass er ein großartiger Gläubiger ist." Gott gab ihm die Erlaubnis nach seinem Belieben vorzugehen, ihn jedoch nicht zu töten. So begab sich Satan wieder zu Erde und ließ Hiob von Kopf bis Fuß an Eiterbeulen erkranken. Ihr wisst, wie schmerzhaft es ist, nur eine irgendwo zu haben. Aber er war bedeckt davon und sie begannen zu eitern und es kamen Würmer und krochen in den Wunden herum. So beschreibt es die Bibel. Er befand sich in äußerst schlechtem Zustand, der monatelang anhielt. Eine Beule eine Woche lang ist kein großes Problem. Aber wenn man über Monate leidet, beginnt der Glaube etwas darunter zu leiden.

Einige Freunde kamen, um Hiob zu trösten, da sie gehört hatten, dass er alles verloren hatte – seinen gesamten Reichtum und Besitz, sowie seine Kinder. Er hatte nichts mehr außer seiner Frau und dem Haus, in dem sie wohnten und er siechte von der langen Krankheit dahin. So kamen alle, um ihm beizustehen. Aber schließlich sagten sie: „Du musst viel Übles getan haben, um so zu leiden."

Nun, es ist natürlich, so zu denken, wenn jemand so arg leidet – dass viel schlechtes Karma die Ursache dafür ist. Allerdings glaubten die Menschen in jenen biblischen Tagen nicht an Vorleben. Du wirst geboren und wenn du stirbst, ist es das Ende. Man befasste sich nicht mit Gedanken an eine Wiedergeburt. Daher kam Hiob der Gedanke: „Was habe ich in meinem Leben getan? Ich habe keine Fehler begangen. Warum macht man mir solche Vorwürfe?"

Es wurden viele Argumente vorgebracht. „Wenn du all die schlechten Taten bereust und vor Gott zugibst, dann wird alles verschwinden und in Ordnung kommen."

Er überlegte dann, konnte aber keine Übeltaten finden. Er verstand ihr Reden nicht. Meinten sie, dass sie es besser wüssten und er keine Ahnung habe? „Ich lehre euch Einiges über die Wege Gottes. Ihr glaubt, so weise zu sein und alles zu wissen!" Dann beschwerte er sich Gott gegenüber. Wenn wir viel gelitten haben, reagieren wir ähnlich. Solche Worte kommen, wenn unser Glaube nicht wirklich stark ist. Welche Worte kamen nun von ihm?

„O Gott, bin ich eine Art Ungeheuer, dass du mich so quälst? Du hast mir Familie und Reichtum genommen, mich zu Haut und Knochen reduziert für meine sogenannten Übeltaten. Ich habe ein ruhiges Leben geführt, bis du mich gebrochen hast. Du hast mich am Nacken gepackt, mich zerschlagen und anschließend als Zielscheibe für deine Bogenschützen aufgehängt.

Aber ich bin doch unschuldig! Du lässt mich nicht einmal friedlich schlafen, sondern gibst mir Alpträume! Musst du mich jeden Augenblick des Tages prüfen? Habe ich dich verletzt Allmächtiger? Und wenn du mich der Fehltaten beschuldigst, was kann ich entgegnen? Ich kann mich nicht einmal gegen die Anschuldigung verteidigen, da du kein Mensch wie ich bist. Eine faire Diskussion ist nicht möglich, da es für uns beide keinen Schiedsrichter gibt.

Quäle mich nicht einfach, ohne mir zu sagen warum. Du hast mich erschaffen und zerstörst mich. Es ist besser, ich sterbe."

An seine Freunde richtete er folgende Worte: „Welch miserable Trostspender ihr alle seid! Was habe ich gesagt, dass ihr euch veranlasst fühlt, unaufhörlich zu reden? Seid ihr die Einzigen, die etwas verstehen? Habt ihr die Weisheit gepachtet? Weiß ich gar nichts? Hört auf, mich übler Taten zu be-

schuldigen! Ich weiß sehr gut, was richtig und was verkehrt
ist! Und ich möchte euch ein paar Dinge lehren."
Er ging nicht so weit, Gott zu verfluchen, aber er war nahe
an der Grenze. Es fehlte nicht mehr viel dazu. Solche Einwän-
de bringen wir auch, wenn alles schief läuft. „Warum behandelst du mich auf diese Weise? Du hast mich erschaffen. Wenn
du mir wenigstens den Grund sagen würdest, wäre es nicht so
schlimm. Aber welchen Sinn hat das Leiden, wenn man nicht
weiß warum. Und wozu soll das alles gut sein? „
So läuft es, solche Argumente steigen in uns auf, wenn
unser Glaube schwach wird.

Satan hatte fast gewonnen. Hiobs *ahamkara*, sein Ego,
seine Arroganz, sein Stolz, die Schattenseiten, die sich in jedem befinden kamen unter dem Leidensdruck hoch – darin
besteht einer der Gründe für Leid. Amma sagt, dass alles, was
in uns steckt herauszukommen hat. Kommt es an die Oberfläche und versteht man, richtig damit umzugehen, begreift man,
was geschieht und fasst den Entschluss: „Ich lass mich davon
nicht überwältigen, ich lass es nicht erneut zu", dann ist man
davon befreit. Man wird dann sozusagen klar wie ein Tintenfass,
in das man Wasser gießt, wodurch schließlich die ganze Tinte
herauskommt und dann nur noch reines Wasser fließt. Kommt
all dieser Unrat durch Leiden heraus, wird das Tintenfass dadurch rein und die Gegenwart Gottes kann aufleuchten.

So kam alles aus Hiob heraus. Dann sprach Gott zu ihm,
und zwar aus einem Wirbelsturm, einem Tornado: „Warum
verleugnest du aus deiner Unwissenheit heraus meine Weisheit? Mit deinen Argumenten klagst du mich an, nicht zu wissen, was ich tue. Wie weit reicht dein Verständnis? Mach dich
nun zum Kampf bereit, denn ich fordere einige Antworten
von dir.

Nun gut, du arroganter Bursche. Du teilst allen mit, dass du vieles weißt, was du ihnen beibringen kannst! Nun dann lehre mich. Ich stelle dir einige Fragen: Wo warst du, als ich das Fundament für die Erde schuf? Weißt du, wie die Dimensionen der Erde festgelegt wurden und wer Maß nahm? Kennst du den Ingenieur? Wer bestimmte die Grenzen der Ozeane? Wer hob die Täler aus, wer schuf die Sonne? Wer entschied über den Weg, den Blitz und Regen nehmen? Wer verleiht Intuition und Instinkt? Wer versorgt die Jungen der Tiere? Willst du immer noch mit mir diskutieren? Weißt du - du Kritiker Gottes - die Antworten?"

Was hätten wir wohl geantwortet, wenn wir diese Stimme vernommen hätten? Wenn wir unsere Lektion gelernt hätten, würden wir genau wie Hiob sprechen: „Ich bin nichts. Wie könnte ich jemals die Antworten wissen? Ich lege meine Hand über meinen Mund und schweige. Ich habe bereits zuviel gesagt."

Gott hörte an diesem Punkt noch nicht auf, da er noch einen Rest Ego in Hiob bemerkte: „Steh auf wie ein Mann und kämpfe! Ich möchte dir noch einige Fragen stellen. Stellst du meine Gerechtigkeit in Abrede und verurteilst mich kampflos?"

„Es tut mir leid, Herr, ich weiß nichts. In meinem Schmerz habe ich viele unangemessene Dinge gesagt. Habe Erbarmen mit deinem Kind."

Gott war zufrieden, da Hiob so demütig geworden war. Er war wie ein kleines Kind geworden. Darin liegen Sinn und Zweck von Schwierigkeiten und Leid – uns demütig wie ein kleines Kind zu machen, damit Gottvertrauen erblühen kann und wir die Glückseligkeit göttlicher Gegenwart spüren können. Dann erteilte Gott ihm den Segen, wieder Land und Tiere zu erhalten. Er bekam weitere zehn Kinder und eine große Familie. Er wurde hundertvierzig Jahre alt und erlebte sogar seine Ur-Urenkel – nachdem er seine Lektion gelernt hatte. Er starb in Frieden.

Wenn wir Leid erleben – jeder leidet, es gibt niemanden, der nicht zeitweise auf die eine oder andere Weise leidet – dann sollten wir nicht, Gott, Guru oder Amma verfluchen. Wir sollten bedenken, dass es darum geht, uns zu reinigen und uns demütig zumachen, damit wir Gott vertrauen und uns an der Glückseligkeit der Gottverwirklichung erfreuen können.

Am Ende der Gita sagt Krishna u.a.:

„Wer diese Lehre voller Glauben und frei von Boshaftigkeit hört, selbst der wird befreit und erreicht die glückselige Welt des Ursprungs von Dharma."

Folgen wir dem Glaubensweg voller Gottvertrauen, erreichen wir die göttliche Welt und gehen sogar in Gott ein.

Om Namah Shivaya!

Satsang im „M.A. Center" 1994, Band 2, Seite A

Die Entwicklung von Willenskraft

Heute ist Neujahr und im Westen gibt es den schönen Brauch, gute Vorsätze fürs neue Jahr zu fassen. Wir sollten jedoch nicht meinen, dass es sich um eine ausschließlich westliche Tradition handelt. In Wirklichkeit ist es ein spiritueller Brauch und nicht etwas Einmaliges in der westlichen Welt am Neujahrstag. Wir sollten alle täglich einen Rückblick über die guten und unguten Vorgänge in uns halten – darüber, was uns voranbringt und was Rückschläge verursacht. Vor dem Schlafengehen sollten wir dann den Entschluss fassen, es am nächsten Tag besser zu machen und beim Aufstehen am Morgen denken: „Heute überwinde ich meine Schwäche und bemühe mich um gute Eigenschaften."

Aber es ist merkwürdig, dass jeder an Silvester alle Hindernisse sozusagen über Bord wirft und am nächsten Tag glaubt, sich von nun an zu bessern. Es ist ein eigenartiger Aspekt der menschlichen Natur, denn obwohl wir beschlossen haben, unsere negativen Tendenzen - unsere *vasanas* - loszuwerden, stellen wir dann fest, dass unsere Vorsätze nicht lange anhalten. Warum ist das so? Es gibt einige Gründe dafür, und darüber sprechen wir heute.

Vasanas sind wie ein Bär

Der Hauptgrund ist Willensschwäche. Unser Geist ist
schwach. Willenskraft bedeutet, fähig zu sein, die guten Vorsätze in die Tat umzusetzen. Aber in der Regel sind wir dazu
nicht fähig. Warum? Weil unser Geist leicht abgelenkt wird.
Darum geht es bei spirituellen Übungen. Wir möchten vielleicht eine schlechte Angewohnheit loswerden, aber diese ist
nicht gewillt, uns zu verlassen.

Dazu eine Geschichte:
Zwei mittellose Sadhus schwammen über einen Fluss, in
dem etwas trieb. Der eine Sadhu hielt es für eine Decke und
freute sich über die Gelegenheit, zu einer Decke zu kommen,
da er bis zu dem Zeitpunkt keine besaß. Er ergriff die vermeint-
liche Decke und begann damit den Fluss hinunter zu treiben.
Dann rief der Andere: „Wo bleibst du, wir müssen den Fluss
überqueren! Lass los!" Nun, was er für eine Decke gehalten
hatte, entpuppte sich als Bär. So rief er zu seinem Freund: „Ich
möchte loskommen, aber ich werde nicht losgelassen!"
Genauso sind Vasanas (Angewohnheiten). Wir möchten
sie loswerden, aber sie geben uns nicht frei, da wir sie über
viele Jahre kultiviert, verwöhnt und liebkost haben. Also sind
sie nicht so leicht bereit zu gehen.
Es gibt einen Heiligen, der Vorschläge macht, wie man
sich von Vasanas befreien kann. Sein Rat lautet, unbarmherzig auf sie einzudreschen, wenn sie sich zeigen. Natürlich nicht
mit einem Stock oder Ähnlichem, da sie subtil und nicht ma-
terieller Natur sind und sich in unserem Inneren befinden.
Wer einen Hund hat und ihn immer streichelt, umarmt und
küsst, bedenkt nicht, dass der Hund keine rationale Kreatur

ist und vielleicht eines Tages beißt. Ein Freund, der zu Besuch kommt, teilt ihm mit:

„Ist dir nicht klar, dass du gebissen werden kannst! Du solltest mit einem Hund nicht auf diese Weise umgehen."

Er nimmt den Rat an und als der Hund das nächste Mal kommt, sagt er:

„Nein! Nein! Es tut mir leid, du darfst nicht auf mich springen und mir einen Kuss geben!"

Der Hund tut es trotzdem, weil er nicht begreift. So verhält es sich auch mit unseren Vasanas. Wir beschließen vielleicht, etwas nicht zu tun oder zu sagen, nicht dort hinüber zu schauen oder etwas nicht zu essen.

Wir haben einen Entschluss gefasst, aber die Vasanas wissen nichts davon. Wenn also der Kuchen kommt oder eine Person, die wir nicht mögen, dann essen wir den Kuchen, bzw. sagen etwas impulsiv, weil wir es so oft getan haben und die Vasanas es nicht wissen, da sie einfach eine Gewohnheit sind. Also ist es notwendig, ihnen einen Schlag zu versetzen. Wenn man nicht will, dass der Hund einen anspringt, mag ein Stubser notwendig sein. Das ist nicht grausam. Es ist nötig, dem Hund eine Lektion zu erteilen. Und wenn er dich auch dann noch anspringt, muss man ihm noch mal einen Klaps geben. Ebenso müssen wir mit einigen schlechten Angewohnheiten unnachgiebig sein, um sie auszurotten. Sie werden immer wieder auftauchen, bis sie begriffen haben, dann belästigen sie uns nicht mehr.

Ein Grund dafür, dass es uns nicht gelingt, innere Stärke zu gewinnen, besteht darin, dass wir es nicht ernst meinen. Solange das nicht der Fall ist, wird es sehr schwer sein, Selbstbeherrschung zu erreichen. Es ist eine Vollzeitbeschäftigung. Man kann nicht einen Schritt vor und zehn zurückgehen und dann erwarten, dass Konzentration und innere Ruhe eintreten. Ein geübter, starker Geist ist zufrieden und glücklich. Es ernst zu meinen, ist also eine Vorbedingung. Der Mangel an Ernsthaftigkeit ist der Grund, warum die Vorsätze fürs neue Jahr erfolglos bleiben. Der Entschluss gilt nur für den Augenblick, später ist einem nicht mehr danach.

Spirituelles Durchhalten gilt nicht nur für heute, morgen und übermorgen. Jede Minute bis zum letzten Atemzug müssen wir uns um geistige Reinigung bemühen. Ein reiner Geist bedeutet, über die Kraft zu verfügen, das Denken unter Kontrolle zu halten, so dass es nicht tut und lässt, wie ihm gerade beliebt, sowie über die Fähigkeit, nicht zu denken, d.h. mit einem gedankenfreien Geist existieren zu können, mit einfach nur Bewusstsein und innerer Stille. Wir können denken, wenn wir es wünschen; es geht darum, nicht dem Zwang zu denken ausgeliefert zu sein.

Das Ego als Last empfinden

Die notwendige Ernsthaftigkeit tritt nicht ein, ehe wir einen Zustand erreichen, in dem wir den unruhigen Geist als Last mit schlechten Angewohnheiten empfinden: „Wie schwer diese Gedanken sind! Wie viel Kummer sie mir bereiten!" Dann ist es soweit. So wie ein Flugzeug auf der Startbahn Anlauf nimmt, müssen wir zwecks Kontrolle über unseren Geist den Punkt erreichen, wo wir unser Ego als Last empfinden. Gemeint ist nicht das gereinigte Ego – das ist in Ordnung, da es uns unterstützt. Aber das negative Ego ist voller unguter Eigenschaften. Es ist notwendig, das Gefühl zu haben: „Oh, welch ein Kopfschmerz das ist! Wieder habe ich auf diese Weise geredet. Schon wieder habe ich das getan!" Und unsere impulsiven Handlungen erzeugen einen Schmerz in uns. Es ist gar nicht so leicht, es wirklich ernst zu meinen. Amma sagt dazu Folgendes:

„Wenn wir uns das Ziel gesetzt haben, das höchste Wesen zu verwirklichen, ist es notwendig, völlig egolos zu werden. Das setzt Bemühung voraus. Der Gottsucher muss aufrichtig um die Beseitigung der negativen Tendenzen beten und selbst darum ringen. Ein solches Gebet dient nicht dazu, etwas zu erreichen oder einen Wunsch zu erfüllen, sondern dazu, über alles hinauszugehen. Es bedeutet, alle Wünsche zu transzendieren und ein intensives Verlangen zu entwikkeln, zum Ursprung und zur Wirklichkeit zurückzukehren. Die Last des eigenen Egos wird bewusst und dadurch entsteht ein starkes Verlangen, diese Last loszuwerden. Dieser Drang äußert sich dann als Gebet. Die Beseitigung kann nicht durch die Gebete einer anderen begrenzten Seele erreicht werden. Notwendig sind eigenes Bemühen und die Führung eines vollkommenen Meisters."

Manchmal bitten Leute darum, für sie zu beten. Amma sagt, dass Gebete für andere für alles mit Ausnahme der Beseitigung des Egos wirksam sind. Wir können für die Gesundheit, die Finanzen und das Wohlergehen anderer bitten, aber um Beseitigung des Egos muss jeder selbst bitten. Außer dem Guru vermag das niemand.

"Die Gebete einer anderen begrenzten Seele helfen also nicht, um sich vom Ego zu befreien. Es zu bearbeiten oder den Geist zu leeren ist leichter in der Gegenwart eines vollendeten Meisters. Amma hat zwar

gesagt, dass unsere Gebete nicht dazu beitragen kön-
nen, das Ego einer anderen Person auszulöschen, aber
von einem verwirklichten Guru reicht der bloße Ge-
danke oder Blick, um eine umfassende Transformati-
on zu bewirken. Ein echter Guru kann, wenn er will,
einem Jünger oder Anhänger sogar Selbstverwirkli-
chung zuteil werden lassen. Er vermag alles, was er
wünscht. Sein Wille ist eins mit dem göttlichen Wil-
len. Um die Verwirklichung kleiner Wünsche zu bit-
ten bedeutet, in seinem kleinen Geist mit all seinen
Anhaftungen und Abneigungen stecken zu bleiben.
Es vermehrt außerdem die bestehenden Vasanas."

Wir sprechen über Gewohnheiten (Vasanas), insbesondere schlechte Angewohnheiten. Wenn wir auf Gebete zu-
rückgreifen, um Gedankenkontrolle zu erreichen oder unseren Geist zu reinigen, sollten wir um das Höchste bitten, nicht
um geringere Dinge, weil unsere Wünsche und Gewohnheiten sonst zunehmen. Beten wir um Geringeres als Selbstverwirklichung, so bitten wir Gott damit um Stärkung unserer
Gebundenheit und unseres Leidens. Sich dafür zu entschei-
den, ist nicht falsch. Ist unser Ziel jedoch die Verwirklichung
göttlicher Glückseligkeit, halten wir dies für das Höchste, dann
sollten wir nur solchermaßen beten.

"Neue Wünsche und neue Welten werden erschaf-
fen. Daneben wird die Kette von Wut, Lust, Gier,
Eifersucht, Täuschung und anderen negativen Eigen-
schaften verlängert. Jeder Wunsch bringt eben-
genannte negative Gefühle mit sich. Unerfüllte Wün-
sche lösen Wut aus. Betet man hingegen um Reini-
gung mit dem Ziel der Selbstverwirklichung oder Er-

reichen des Bewusstseins des höheren Selbst, dann werden die Vasanas zerstört. Auf diese Weise zu beten wird unsere Lebensperspektive völlig verändern. Die alte Persönlichkeit stirbt und eine neue wird geboren. Das Beten zur Erfüllung kleiner Wünsche bewirkt keine Veränderung in uns. Die gewohnte Haltung wird beibehalten"

Viele sagen: „Ich habe schon jahrelang zu Gott gebetet und mache noch immer keinen spirituellen Fortschritt. Ich gehe jeden Sonntag in die Kirche, tue dies und jenes und meditiere." Warum stellt sich kein Erfolg ein? Ein Grund besteht darin, dass die Gedanken sich – wie Amma es ausdrückt – mit kleinen Wünschen und Begierden beschäftigen und nicht mit dem höchsten Verlangen nach Gott.

Gedankenkontrolle – mit Hilfe von Gebet oder anderen Methoden – ist nicht nur für Gläubige und spirituelle Sucher wesentlich, sondern für alle, da ohne Selbstbeherrschung kein Erfolg möglich ist. Es wird immer Ablenkungen verschiedener Art geben und das gesetzte Ziel bleibt unerreicht.

Die entsprechenden Mittel müssen angewendet werden

Viele von euch haben vielleicht von den *Yoga Sutras* gehört – sie gelten als der maßgeblichste Text über Meditation. Er wurde vor Tausenden von Jahren von dem großen Weisen Patanjali geschrieben. Gleich im ersten Vers heißt es: „yoga citta vritti nirodhah", das bedeutet: „Yoga beinhaltet die Kontrolle über die Wechselhaftigkeit des Geistes." Darin liegt die wahre Bedeutung von Yoga. Sie wurde heutzutage auf die Ausführung von Yogastellungen reduziert. Der wahre Zweck der Yogapositionen und aller Yogarichtungen bedeutet die

Beherrschung der Gedankenwellen - sie zum Stillstand zu bringen, völligen Frieden im Geist zu bewirken. Im Yogasystem gibt es sozusagen Stufen, um die Kontrolle zu erreichen. Vielen von euch sind die Stufen bekannt, aber ich möchte heute wenigstens etwas darüber sprechen. An einem anderen Tag können wir mehr ins Detail gehen. Allein zu diesem Zweck könnten wir mehrere Vorträge über *Yoga Sutras* halten.

Grundlegend lässt sich sagen, wenn wir ein Ziel erreichen wollen, müssen wir die entsprechenden Mittel anwenden. Das ist wissenschaftliche Methodik. Diese Aussage trifft in gleicher Strenge auf das Erreichen von innerem Frieden zu. Gelegentliche Bemühungen reichen nicht, sie müssen in wissenschaftlicher Weise erfolgen. Die Wissenschaft von Yoga und Meditation besagt, dass die ersten Stufen *yama* und *niyama* sind. Gemeint ist nicht der Todesgott Yama, der beim Tod unseres Körpers erscheint, um uns zu holen. Der Begriff bedeutet hier Selbstbeherrschung und die verschiedenen Formen davon sind die *yamas* und *niyamas*. Dies ist mit den Ge- und Verboten im spirituellen Leben zu vergleichen. Die meisten meditieren, lesen spirituelle Bücher, tun dies und jenes, vernachlässigen jedoch die *yamas* und *niyamas*. Das entspricht der Vernachlässigung des Fundaments und der Errichtung eines Hauses auf Sand. Ich weiß nicht, wie viele Male ich gehört habe: „Amma, ich habe 35 Jahre lang meditiert, jedoch keine spirituellen Erfahrungen erlebt." Was ist die Ursache? Das Fundament wurde vernachlässigt. Meditation allein ist unzureichend. Nur Bhajans zu singen genügt nicht. Wird die Grundlage der *yamas* und *niyamas* beachtet und richtig ausgeführt, folgt die nächste Stufe automatisch. Meditation kommt von allein. Separate Bemühung ist nicht erforderlich. Das heißt nicht, dass wir nicht meditieren sollten, sondern die Basis daneben nicht zu vernachlässigen.

Welche *yamas* gibt es?

Ahimsa: nicht verletzen
Satya: Wahrhaftigkeit
Asteya: nicht stehlen
Brahmacharya: Enthaltsamkeit
Aparigraha: nicht geizen

Mit der Erläuterung jedes einzelnen Begriffs könnte man einen ganzen Tag verbringen, aber hier eine Kurzfassung: *Ahimsa*, Nicht-Verletzen, bedeutet, keinem Lebewesen oder irgendeiner Existenzform im Universum gegenüber einen verletzenden Gedanken zu hegen. Wenn das schon für Gedanken zutrifft, gilt dies umso mehr für das gesprochene Wort oder für Handlungen. Das bezeichnet man als Nicht-Verletzen. Man stelle sich nur vor, wie rein unser Geist wird, wie viele Vasanas ausgelöscht werden, wenn wir uns auch nur in einer der genannten Disziplinen um Vervollkommnung bemühen.

Satya bedeutet Wahrhaftigkeit. Das beinhaltet nicht nur nicht zu lügen, sondern so zu sprechen, dass es anderen hilft, der Wahrheit entgegen zu gehen. In den Schriften heißt es, dass eine unangenehme Wahrheit nicht ausgesprochen werden sollte. Es ist nicht richtig, alle auf ihre Fehler aufmerksam zu machen, nur weil es den Tatsachen entspricht. Das ist jedoch weit verbreitet – wir begegnen stets jemanden, der uns oder andere kritisiert. Es ist jedoch unangebracht, weil die hervorgerufene Reaktion den Betreffenden weiter von der Wahrheit wegführt. Deshalb sollten wir nicht über unangenehme Tatsachen sprechen. Es ist besser zu schweigen, als ungute Wellen auszulösen. Manche Leute fragen: „Sollte ich nicht die Wahrheit sagen - ihnen sagen, dass sie verkehrt handeln?" Nein, es sei denn, man wird darum gebeten. Wenn man gefragt wird, weil der Betreffende uns vertraut, dann ist es angemessen, darüber zu sprechen, da keine negativen Schwingungen erzeugt werden. Dann erfolgt keine verärgerte Reaktion. Ansonsten geht es uns nichts an. Man sollte sich um die eigenen Angelegenheiten kümmern.

Asteya, Nicht-Stehlen, bedeutet, dass einem beim Anblick von etwas, das einem anderen gehört, nicht einmal der Gedanke kommt: „Oh, das hätte ich gern!" Ganz zu schweigen davon, sich den Gegenstand anzueignen. Es sollte nicht einmal der Gedanke aufkommen: „Wie schön das ist!" Ist etwas schön und man wünscht es sich, dann sollte man hinausgehen und es sich kaufen. Wir sollten kein Auge auf etwas werfen, das jemand anderem gehört.

Und nun zu *Brahmacharya*, zur Enthaltsamkeit. Sie beinhaltet, dass auch die Gedanken auf Gott ausgerichtet sind und man sich weder körperlich noch innerlich nicht einmal in subtilster Weise mit Sexualität beschäftigt.

Aparigraha ist Fernhalten von Gier. Was benötige ich? Nur so viel. Ich möchte nicht mehr, da das so viel Mehraufwand an Arbeit und Kraft bedeutet, unnötige Zeitverschwendung.

Wenn wir uns ein wenig darum bemüht haben, diese Dinge zu praktizieren, kann das Gefühl auftauchen, eine gewisse Stufe erreicht zu haben und nun zufrieden zu sein. Es mag jedoch noch unzureichend sein. Die Yoga Sutras selbst geben an, wann diese Punkte ausreichend verwirklicht sind: Man weiß es, wenn man Vollkommenheit in all den genannten Bereichen erlangt hat. Hat man z.B. Vollkommenheit in Nicht-Verletzung erreicht, hören alle Wesen, die sich nähern, auf, feindlich zu sein. Nehmen wir als Beispiel einen Tiger. Ihr alle habt sicherlich schon Geschichten darüber gehört, nicht wahr?

Von Yogis, die den Wald durchquerten oder mit Schlangen, Kobras, Tigern oder Löwen oder anderen wilden Tieren, bzw. gefährlichen Menschen zusammen in Höhlen wohnten. Da ihr Geist stets frei von Verletzung war, kam in ihnen niemals ein verletzendes Gefühl gegenüber anderen auf und die Wesen wurden ihnen gegenüber harmlos.

Letztes Jahr sprachen wir über die Geschichte der Kühe hier, erinnert ihr euch? Eines Tages versuchten wir, sie an einen bestimmten Platz zusammen zu treiben. Es befanden sich schon einige Kühe dort. Normalerweise konnte man an ihnen vorbeigehen, ohne dass sie sich regten. Da es jedoch wilde Kühe waren, war es nicht möglich, direkt zu ihnen zu gehen und sie zu liebkosen. Ich erinnere mich, dass ich einmal in den Feldern saß und mich mit jemandem unterhielt und die Kühe befanden sich unmittelbar neben mir, keine zwei Meter entfernt. Aber an einem anderen Tag wollte ich die Kühe an einen bestimmten Ort treiben. Und wisst ihr, ich kam mit einem Stock aus dem Haus. Die Kühe waren ungefähr 100 m weit entfernt. Aber sobald sie mich sahen, rannten sie fort. Sie konnten den Stock, den ich hinter mir herzog, nicht gesehen haben. Sie wussten, dass ich etwas vorhatte: „Ich treibe sie und wenn sie nicht folgsam sind, dann muss ich sie vielleicht schlagen." Sie erfassten mein Vorhaben intuitiv. Ihre intuitive Kraft ist viel größer als unsere, da sie nicht sprechen und dadurch ihre Energie verausgaben wie wir. Sie sind abhängig von ihrer Intuition.

Als ich eine andere Absicht hegte, befand sich die Kuh direkt neben mir und lief nicht weg. Selbst wenn ich mit lauter Stimme zu jemandem gesprochen oder geschrien hätte, hätte die Kuh sich nicht von der Stelle gerührt. Sie spüren also, was vor sich geht. Jedes Lebewesen ahnt, wenn von jemandem eine Gefahr ausgeht. Man reagiert entweder mit einer Handlung oder man geht. Die Bedrohung wird intuitiv erfasst. Erreicht ihr vollkommene Harmlosigkeit und tut ihr niemandem etwas zuleide, werden alle Lebewesen in eurer Gegenwart harmlos.

Nun zu Wahrhaftigkeit. Kommt beim Sprechen keine Lüge über die Lippen, und gibt es keine Diskrepanz zwischen dem Ereignis, den Gedanken und den Äußerungen, sprichst du keine unangenehmen Tatsachen aus, dann entsteht in dir eine Kraft, die alles Ausgesprochene wahr werden lässt. Das können wir bei Amma beobachten. Sie sagt z.B.: „Mach dir keine Sorgen, es wird besser werden." Wenn sie das gesagt hat, muss es geschehen. Niemand weiß wann, da sie den Zeitpunkt nicht nennt; aber es wird auf jeden Fall besser werden, da sie die Kraft der Wahrheit in sich trägt.

Jetzt kommen wir zum Nicht-Stehlen. Das ist ein sehr interessanter Punkt. Es heißt in den Schriften, dass „Edelsteine zu dem kommen, der frei von Stehlen ist." Die indische Bezeichnung für Edelstein ist „ratna". Eine eigenartige Aussage, nicht wahr? Was soll ein *sannyasi*, ein Mönch, mit Edelsteinen anfangen? Es sind nicht die konkreten Steine damit gemeint. Ist jemand frei von Stehlen, dann ist der Blick so unschuldig, ohne Eigeninteresse und so losgelöst, dass die Menschen mit Vertrauen erfüllt werden. Sie sind dann geneigt, einer solchen Person das Beste zu geben – entweder um zu teilen oder um ihr etwas anzuvertrauen, da man intuitiv weiß, dass dieser Mensch sich den Gegenstand nicht aneignet, da er so losgelöst ist. Deshalb kommen die wertvollsten Dinge auf den Betreffenden zu. Das ist mit Edelsteinen (*ratnas*), bzw. dem Besten gemeint.

Nun zu Enthaltsamkeit. Haben wir Vollkommenheit darin erreicht, hegen wir keinen einzigen sexuellen Gedanken mehr, was geschieht dann? Man erhält spirituelle Energie, bzw. Kraft. Ein Mensch, der über die Kraft der Enthaltsamkeit verfügt, wird als *virya* bezeichnet. Die von einem *virya* ausgesprochenen Worte gehen direkt ins Herz. Das Gleiche gilt für jemanden, der direkt daneben steht, selbst wenn es sich um eine geistig recht träge Person handelt. Warum ist das so? Es hat nichts mit den gewählten Worten, bzw. dem Sprachstil zu tun, sondern mit der dahinter stehenden Kraft. Es hat nicht einmal mit dem Gefühl, das von der sprechenden Person ausgeht, zu tun, sondern mit der spirituellen Energie, die durch Enthaltsamkeit (*brahmacharya*) gewonnen wurde. Man weiß nicht einmal, warum die Worte zu Herzen gehen. Ursache dafür ist die spirituelle Energie dieses Menschen. Solche Worte haben eine sublimierende Wirkung, sie zu hören ist wahrer *satsang*. Wir vergessen dann alles andere und befinden uns in einer spirituellen Welt. Die spirituelle Energie des Sprechers bewirkt dies.

Auch 'Nicht-Geiz' ist ein sehr interessanter Punkt. Nach Aussage Patanjalis entsteht eine mystische Kraft (*siddhi*), wenn wir frei von Geiz sind. Aber eigentlich sind diese mystischen Kräfte nicht wirklich mysteriös, da sie latent in jedem vorhanden sind. Es handelt sich um geistige Kräfte, aber da unser Geist so zerstreut ist, können diese Kräfte sich nicht manifestieren. Sie zeigen sich erst, wenn wir Konzentration gelernt haben, der Geist erstarkt und nicht so viel mit Denken beschäftigt ist. Dann manifestieren sich die Siddhis. Entwickelt man also die Qualität 'Nicht-Geiz', wünscht man nur noch ein Minimum für sich selbst und es tritt Loslösung von der Welt ein. Die weltlichen Dinge kümmern einen nicht mehr

und als Folge davon entsteht auch eine körperliche Losgelöstheit. Das Mindestmaß reicht aus: ein Platz zum Leben,
Essen und ein Ort zum Schlafen. Wenn man frei geworden ist
von körperlicher Gebundenheit, kann das wahre Wissen aufleuchten. Patanjali erwähnt als besondere Fähigkeit das Wissen über Vergangenheit und Zukunft. Es dämmert im Menschen, sobald er frei von Geiz geworden ist. Aufgrund der Losgelöstheit von dieser Welt und dem eigenen Körper, kommt
das Erkennen von Vergangenheit und Zukunft. Warum? Weil
nicht einmal mehr die gegenwärtigen Geschehnisse sie kümmern. Sie sind losgelöst.

Das waren die Eigenschaften in Verbindung mit den Verboten. Dann gibt es noch die Gebote.

Saucha: Sauberkeit. Sie bezieht sich sowohl auf den Körper, als auch auf das Innenleben.

Santosha: Zufriedenheit. Das Gefühl, genügend zu haben.
Warum in Unruhe geraten, um dies oder jenes hinzu zu bekommen. Das wird als Zufriedenheit bezeichnet.

Die Einhaltung dieser Punkte fördert die Kontrolle über
die inneren Vorgänge und den inneren Frieden.

Tapas: Mäßigung/Askese. Heute verwendet man den Ausdruck für das Durchleiden einer harten Phase – „oh, welch
tapas das war!" Leid ist jedoch nicht die eigentliche Bedeutung von *tapas*, enthalten ist jedoch die Kapazität, Leid zu
ertragen. Bei Kälte (Hitze) sollte man sich nicht darüber auf-
regen oder beschweren: „Oh, wie kalt es ist! Welche Hitze!"
Oder bei Kopfschmerzen: „Oh, wie schrecklich diese Kopfschmerzen sind!" Als Tapas wird bezeichnet, inmitten all dieser Gegensätze (*dvandas*) innerlich ausgeglichen zu bleiben.

Tapas bedeutet, unter allen Umständen einen kühlen Kopf
zu bewahren.

Svadhyaga – beinhaltet sowohl das Studium der Schriften und der Texte von Heiligen als auch Mantra-Japa. Das bedeutet nicht, alle spirituellen Bücher zu lesen, die es gibt, denn davon gibt es in den Buchläden Hunderte, wenn nicht Tausende. Heutzutage macht sich jedermann an das Verfassen spiritueller Bücher! Es gibt auch einen großen Leserkreis. Mit Svadhyaga ist jedoch etwas anderes gemeint – die Lektüre von Büchern, die von *rishis* und Heiligen verfasst wurden und nicht von Personen, die ein bisschen über ein Thema wissen. Die Kraft des Wortes eines Heiligen – ob aus früheren Zeiten oder aus der Neuzeit – ist sehr stark. Außerdem gehört die Wiederholung deines Mantras zu Svadhyaga.

Aus Sehnsucht nach Gott zu weinen ist Meditation

Wir kommen nun zum letzten Punkt: *ishwara pranidhana* – Hingabe an Gott. Was sagt Amma zu diesem Thema? Alles zuvor Erwähnte ist schön und gut. Wir sollten uns daran halten. Aber wir sind nur Durchschnittsmenschen. Es fällt uns sehr schwer, diese Punkte in die Tat umzusetzen. So sagt uns Amma, wir sollen uns nicht sorgen, da es einen Ausweg gibt. Der ist zwar auch nicht ganz einfach, aber nicht so kompliziert wie die anderen Praktiken. Es handelt sich um *ishwara bhakti* oder *ishwara pranidhana* – Hingabe an Gott. Das ist der Weg zu innerer Selbstbeherrschung und Befreiung von den Vasanas. Was sagt Amma dazu?

Einer der Brahmacharis fragte Amma: „Amma, heute Nachmittag hast du einem jungen Mann den Rat gegeben, einfach nur zu beten und aus Sehnsucht nach Gott zu weinen. Reicht das, um Gott zu erkennen?"

„Ja, " lautete Ammas Antwort, „wenn es von ganzem Herzen kommt! Sohn, glaube nicht, dass spirituelle Praxis nur darin besteht, in Lotusstellung zu meditieren oder das Mantra zu wiederholen. Natürlich ist beides eine Möglichkeit, bzw. Technik, um an Gott zu denken und das Selbst zu erkennen. Es trägt dazu bei, den üblicherweise unruhigen Geist und Körper zu trainieren und zu zähmen. Aber es ist nicht richtig zu meinen, dass diese Praktiken die einzigen Wege sind. Nehmen wir als Beispiel die Gopis aus Brindavan oder Mirabai. Worin bestand ihr Sadhana? Wie wurden sie zu Krishnamayis (von Krishna erfüllt)? Saßen sie lange Zeit in Meditation?" (Hatten die Gopis die Zeit dazu? Sie waren Haushälter.) „Nein, aber natürlich meditierten sie – ständig und sehr intensiv, jedoch nicht mit gekreuzten Beinen. Gottergebene wie die Gopis und Mirabai dachten ununterbrochen an die göttliche Herrlichkeit, verehrten unabhängig von Ort und Zeit seine äußere Gestalt innerlich. Sie weinten ständig – bis ihre Tränen ihren Geist rein gewaschen hatten und keine Gedanken mehr kamen. Kinder, beim Weinen können wir mühelos alles vergessen. Es trägt dazu bei aufzuhören, über Vergangenem zu brüten und über die Zukunft zu träumen und hilft, mit dem Herrn und seinen Spielen in der Gegenwart zu bleiben. Nehmen wir einmal an, eine geliebte Person stirbt, z.B. Mutter oder Vater, Mann oder Frau, ein Sohn oder eine Tochter. Wir lamentieren beim Gedanken an sie, nicht wahr? Wir vergessen alles andere. Es kommen in diesem Augenblick nur die schönen Erinnerungen an die verstorbene Person auf. Wir haben kein anderes Interesse, als an den Betref-

fenden zu denken. Unser Geist ist vollkommen kon-
zentriert. Kinder, durch Weinen können wir völlige
Konzentration erlangen. Warum meditieren wir? Um
Konzentration zu gewinnen. Die beste Methode dazu
besteht im Weinen nach Gott. Es ist eine kraftvolle
Art und Weise, an Gott zu denken und es ist Medita-
tion.
Das haben große Gottesverehrer wie die Gopis und
Mirabai getan. Seht wie selbstlos Mirabai betete: ,Oh
Miras Giridhari, es ist nicht so wichtig, dass du mich
liebst, aber Herr, bitte nimm mir nicht das Recht, dich
zu lieben!' Sie beteten und weinten, bis ihr ganzes
Wesen zu einem ständigen Gebet wurde. Sie verehr-
ten den Herrn, bis die Flammen göttlicher Liebe sie
völlig verzehrt hatten. Sie selbst wurden zur Opferga-
be.“

Das Weinen aus Sehnsucht nach Gott oder einer gottverwirklichten Person ist also eine einfache Möglichkeit der
Meditation. Es bedarf keiner besonderen Mühe, an Gott in
menschlicher Gestalt zu denken. Wenn wir dazu fähig sind,
weinen wir, wenn wir allein sind - so wie Mirabai nach Krishna.
Allmählich werden wir vom göttlichen Wesen erfüllt. Für die
Vasanas bleibt dann kein Raum mehr.

Amma nennt das Beispiel von einem Becken mit Salzwasser. Wie lässt sich der Salzgehalt entfernen? Durch bestän-
dige Zugabe von Frischwasser. Das Salzwasser wird immer mehr
verdünnt, bis schließlich alles Salz verschwunden ist. Es mag
uns nicht gelingen, die Vasanas einfach zu entwurzeln. Wir
haben jedoch die Möglichkeit, etwas Anderes hinzuzugeben,
bis für die Vasanas kein Raum mehr bleibt. Was wir eingeben
können, sind Gedanken an Gott, an unser Mantra oder an

Amma. Für gewöhnliche Menschen wie uns ist das eine praktische und einfache Methode.

Die Gnade eines Mahatmas ist ebenfalls ein Faktor bei der Erlösung. Dazu hat Amma Folgendes zu sagen:

„Jemand hatte gelesen, dass ohne die Gnade eines verwirklichten Gurus die Vollkommenheit nicht erreicht werden könne, ganz gleich wie viel spirituelle Übungen man ausführen würde und fragte, ob das wahr sei."

Was meint ihr? Stimmt es? Ammas Antwort lautete:

„Ganz richtig! Zur Beseitigung der subtileren Vasanas ist die Führung und Gnade des Gurus notwendig."

Gemeint sind damit nicht unsere offensichtlichen und ungehobelten Angewohnheiten, sondern Subtileres, dessen man sich nicht einmal bewusst ist.

„Nur der Guru kann dies durch entsprechende Situationen an die Oberfläche bringen und uns die Kraft verleihen damit umzugehen. Auch die letzte Phase - nach der Beseitigung der Vasanas - in der der geistig Suchende in den Zustand der Vollkommenheit hineingleitet, kann nicht ohne die Gnade des Gurus erfolgen.

Die Menschenwesen in ihrer Begrenztheit können allein nicht viel bewirken. Es mag ihnen möglich sein, bis zu einem bestimmten Stadium ohne Führung oder Hilfe voranzukommen. Aber sobald der Weg komplex

*wird, ist Hilfe notwendig. Die Straße zur Erlösung ist
ein Labyrinth verwickelter Pfade. Beim Durchqueren
dieses Labyrinths kann es leicht geschehen, dass der
Aspirant den richtigen Weg nicht herausfinden kann
oder nicht weiß, welchen er nehmen soll. Einen spirituellen Pfad ohne Guru zu gehen, kann damit ver-
glichen werden, allein auf dem Ozean mit einem kleinen Segelboot zu segeln, das nicht über die notwendige Ausstattung verfügt – nicht einmal über einen
Kompass, der die richtige Richtung anzeigt."*

So hoffnungslos ist die Bemühung um Gottverwirklichung
ohne die Hilfe eines gottverwirklichten Meisters.

*„Bedenkt, dass der zur Selbstverwirklichung führen-
de Pfad sehr schmal ist. Zwei Menschen können ihn
nicht Hand in Hand und Schulter an Schulter zusammen gehen. Man geht allein.
Ein Licht führt uns dabei. Der Guru geht voraus und
beleuchtet den Weg, während er uns langsam und
behutsam führt. Es kennt all die verworrenen Wege
des Irrgartens. Sein gnadenvolles Licht ermöglicht uns,
die Hindernisse zu sehen und zu beseitigen, um das
letztendliche Ziel zu erreichen."*

Amma sagt damit, dass wir uns zwar bemühen müssen,
aber dass es am Ende die Gnade des Gurus ist, die uns erlöst.

*„Nichts brauchen wir mehr als die Gnade des Satgurus.
Ohne liebevolles Kümmern, ohne mitfühlende Blik-
ke und liebevolle Berührung von ihm können wir das
Ziel nicht erreichen. Mit jedem barmherzigen Blick*

und mit jeder von Liebe durchdrungenen Berührung
schickt er seine Gnade. Betet deshalb um seine Gna-
de, Kinder!"

Om Namah Shivaya.

Satsang im 'M.A. Center', 1994, Band 2, Seite B

Weihnachten und
der mystische Christus 1

Bevor Amma nach Amerika kam, hatte ich Bedenken
wegen der möglichen Reaktion der Leute auf Amma beim *Devi
Bhava*. Ich dachte daran, dass so etwas hier noch nie gesehen
wurde – auch nicht mit entferntester Ähnlichkeit. Aber heute beobachtete ich etwas Interessantes, das mir Vieles klar
machte. Ich hatte daran überhaupt nicht gedacht. Ich sah
heute einen 'ungewöhnlich gekleideten Herrn' (Nikolaus) und
die Leute begaben sich in seine Arme. Alle teilten ihm ihre
Wünsche mit und er umarmte alle. (Lachen) Kein Wunder
also, dass die Menschen im Westen Amma annahmen wie ein
Fisch das Wasser. Natürlich besteht ein kleiner Unterschied.

Heute ist Heiligabend, und jeder weiß das. Für eine spirituell orientierte Person besteht der Sinn aller Feste darin, die
Spiritualität zu stärken. Natürlich ist Weihnachten zu einem
Familienfest geworden, an dem alle zusammen kommen. Außerdem ist es eine Zeit für Geschäfte, für Profit. Aber für uns
Gläubige besteht der Sinn des Weihnachtsfestes darin, an den
großen *mahatma* Christus zu denken und über sein Leben und
seine Lehren nachzulesen – und darin bestand vielleicht auch
der ursprüngliche Zweck des Festes.

Warum liegt Gott so viel an Dharma?

Kein Land hat ein Monopol für Weise, Mahatmas und Avatare. Wann immer es notwendig ist, erscheint Gott, das höchste Sein, zum Segen aller Lebewesen auf dieser Erde. In der Bhagavad Gita gibt es einen bekannten Abschnitt, in dem Krishna sagt, dass er sich bei entsprechender Notwendigkeit inkarniert. Nun, was ist in Gottes Augen eine Notwendigkeit? Vermutlich empfinden alle, die sich mit ihren Wünschen an den Weihnachtsmann wenden, ein starkes Bedürfnis, diese von ihm erfüllt zu bekommen. Auch die Menschen, die sich mit ihren Bedürfnissen an Amma wenden, glauben, dass es sich um etwas wirklich Notwendiges und Dringendes handelt und Gott den Wunsch erfüllen sollte. Aber was ist in Gottes Augen echter Bedarf? Nach Aussage Bhagavan Krishnas besteht für ihn eine besondere Notwendigkeit, persönlich auf unserer Seinsebene zu erscheinen, wenn die Rechtschaffenheit schwindet und das Unrecht immer mehr zunimmt. Wörtlich heißt es in der Bhagavad Gita:

„Immer wenn die Rechtschaffenheit verfällt und die Ungläubigkeit zunimmt, erscheine ich. In jedem Zeitalter inkarniere ich mich zum Schutz des Guten, zur Zerstörung der Übeltäter und um die Rechtschaffenheit wieder herzustellen."

(Kap 4, Vers 7-8)

Auf welche Weise erfolgt seine Geburt? So wie bei uns? Wir werden gemäß den Früchten unserer vergangenen Handlungen, d.h. unserem *karma*, hilflos in diese Welt hineingeboren.

Bei Gott (Bhagavan) verhält es sich anders. Er selbst sagt dazu:

„Obwohl ich ungeboren bin, unvergänglich in mei-
ner Natur und der Herr aller Wesen und meiner eige-
nen Natur, inkarniere ich mich durch meine eigene
Maya." (4.6)

Er kommt also freiwillig, aus Mitgefühl für die individuel-
len Seelen und um die Rechtschaffenheit wiederherzustellen.
Warum liegt Gott soviel an *dharma?* Es muss offensichtlich sehr wichtig sein. Der Grund besteht nicht einmal darin,
dass seine Gesandten die Aufgabe nicht erfüllen könnten. Er
fühlt sich veranlasst, selbst zu kommen, um der Rechtschaffenheit neuen Auftrieb zu geben. Weshalb ist sie so wichtig?
Nun, die Schöpfung als solche ist sehr mysteriös. Niemand
kann sagen, warum es sie gibt. In den Schriften heißt es nur,
dass es vor der Schöpfung nur ein Wesen gab – Brahman. Für
diejenigen von euch, die es nicht wissen, möchte ich erwähnen, dass der Ausdruck Brahman von dem Sanskritwort *brihat*
stammt, was groß oder unermesslich bedeutet. Es existierte nur
Das allein - die unermessliche Unendlichkeit, das kosmische
Bewusstsein. Dann dachte dieses kosmische Sein: „Möge Vielfalt aus mir hervorgehen" und es entstand das Universum.
Dieses gesamte Universum und alle von uns sind also nur
Wellen im Ozean Brahmans. Die Wellen sind nicht vom Meer
getrennt, haben keine separate Existenz. Sie mögen zwar ein
individuelles Erscheinungsbild haben – so wie wir auch – aber
darunter sind wir alle eins mit dem Meer wahren Wissens.

Was geschieht nach dem Entstehen der Schöpfung? Worin besteht ihr Sinn und Zweck? Gott sagt, dass die Welt wie
eine Schule ist und jedes Leben wie eine Klasse. Es geht darum, die Schule zu beenden und einen höheren Abschluss zu
erwerben, *mukti* (Erlösung) oder *moksha* (Selbstverwirkli-

chung). Darin besteht der Sinn unserer Existenz und treibt uns voran – die Suche nach Glück, nach Glückseligkeit. Aber es ist uns nicht möglich, den Zustand vollkommener Zufriedenheit zu erlangen, bis wir wieder in unseren Ursprung eingehen. Das ist Gott, bzw. das Selbst. Alle Lektionen und Erfahrungen, die wir durchlaufen, dienen diesem Zweck. Aufgrund unserer zahlreichen Illusionen, fallen die Lektionen manchmal zwangsläufig sehr schmerzhaft aus. Wir befinden uns die ganze Zeit über unter dem Einfluss der kosmischen Illusion – Maya. Wir müssen desillusioniert werden, damit wir ohne Ablenkung in die richtige Richtung gehen. Darin besteht der Sinn von schwierigen Situationen. Wir sollen desillusioniert werden, damit wir aus dem Traum der Täuschung erwachen.

Dem Herrn liegt seine Schöpfung am Herzen. Wir kennen den Grund für die Entstehung nicht – aber sie existiert. Und der Schöpfer sorgt sich um sie wie eine Mutter um ihre Familie oder ihre Kinder. Die Schriften, Weisen und Avatare sind dazu da, uns den Weg zum letztendlichen Ziel zu zeigen. Dharma ist der Weg – darin liegt seine Bedeutung. Uns hinzusetzen und zu meditieren, Bhajans zu singen oder an Satsangs teilzunehmen, reicht nicht. Es ist unerlässlich, dass unser Leben in jedem Augenblick, mit jedem Gedanken, Wort und jeder Handlung spirituell ist. Dann befinden wir uns in Einklang mit dem Dharma, da unser Geist auf Gott ausgerichtet ist und wir erreichen das Lebensziel. Dann werden wir immer glücklich sein. Je mehr wir mit Dharma in Einklang stehen, desto ruhiger wird unser Geist und dann werden wir von Glückseligkeit, bzw. der göttlichen Gegenwart erfüllt. Deshalb ist es notwendig, sich mit Dharma zu befassen; wir können dann herausfinden, worum es sich genau handelt. Die entsprechenden Kenntnisse erhalten wir aus den Schriften, von Weisen und Heiligen und insbesondere durch Beobachtung des Lebens von Avataren und selbstverwirklichten Seelen.

Amma sagt etwas sehr Schönes über die Ursache der Herabkunft Gottes oder einer selbstverwirklichten Person. Was bewirkt das Herabkommen? Jemand fragte kürzlich: „Christus war ein gottverwirklichter Mensch, ein Avatar. War es nicht schrecklich schmerzhaft, ans Kreuz genagelt zu sein?"

Habt ihr euch je mit einem Dorn oder einer Nadel gestochen? Eine solch kleine Verletzung verursacht schon so viel Schmerzen. Wie muss es einem dann ergehen, wenn Nägel durch die Handgelenke und Füße getrieben werden? In diesem Zustand rief er aus:

„Mein Gott, mein Gott, warum hast du mich verlassen?" (Matthäus 27.46)

Warum kamen ihm in diesem Augenblick solche Worte über die Lippen, nachdem er ein ganzes Leben voller Hingabe, Gottergebenheit und Gottvertrauen geführt hatte?

Die menschliche Seite Gottes

Amma gibt folgende Antwort[2]:

„Kinder, bei der Verwirklichung gehen manche Wesen in die Ewigkeit ein. Sehr wenige kommen wieder herab. Wer möchte das schon, wenn man mit dem Ozean der Glückseligkeit verschmolzen ist? Um aus diesem Zustand herabkommen zu können – dem Zustand aus dem es normalerweise keine Wiederkehr gibt – braucht man etwas, woran man sich festhalten kann – einen Entschluss (sankalpa). Nur wenige, und zwar

---

[2] Die nachfolgenden Zitate stammen aus Awaken Children Band 5

L2

*diejenigen, die solch ein Sankalpa wiederzukommen
machen können, steigen herab.
Ein solcher Entschluss beinhaltet Mitgefühl, Liebe
oder selbstloses Dienen.* Möchte *man nicht dem Ruf
der aufrichtigen Gottsucher und dem Aufschrei der
Leidenden in dieser Welt entsprechen, will man nicht
mitfühlend sein, sondern im unpersönlichen Zustand
verbleiben, so ist das in Ordnung. Man kann dort bleiben.
Begibt man sich in diese Welt, so wird durch eigenen
Willen ein Schleier erzeugt, um hier besser und ohne
Unterbrechung funktionieren zu können. Er kann
jedoch jederzeit beseitigt werden."*

Amma spricht natürlich aus ihrer eigenen Erfahrung. Sie
hat nie Bücher gelesen und ist niemals Heiligen begegnet. Sie
spricht vom Standpunkt ihrer inneren Erfahrung.

Weiter sagt sie:
*„Man richtet das Bewusstsein nicht auf die andere
Seite des Schleiers."*

Welche Seite ist gemeint? Die Seite der Einheit mit Gott.

*„Trotzdem begibt man sich immer wieder auf die an-
dere Seite, aber es gelingt einem zurückzukommen.
Allein der Gedanke daran trägt einen einfach dorthin. Auf dieser Seite spielt man seine Rolle so gut wie
möglich."*
Damit haben wir die Antwort auf die Frage über Christus:
Die Rolle wird gut gespielt.

„Wenn man aus der Einheit mit Gott herabsteigt, spielt man seine Rolle gut. Man lebt für die Erhebung der Menschheit und arbeitet hart dafür. Es gibt Probleme, Hindernisse und schwierige Umstände. Man wird auch mit Angriffen, Skandalen und Verleumdungen konfrontiert, bleibt davon jedoch unberührt, da das Innenleben völlig anders ist, auch wenn man äußerlich wie alle anderen aussieht. Das Innere ist eins mit der höchsten Wahrheit. Dadurch ist es möglich, nicht berührt zu werden. Durch die Einheit mit der Urquelle aller Energie wirkt man unermüdlich dafür, die tiefen Wunden derjenigen, die zu einem kommen, zu heilen oder zu lindern. Alle erhalten Frieden und Freude. Lebensweise, Entsagung, Liebe, Mitgefühl und Selbstlosigkeit inspirieren andere, das was man innerlich erlebt, auch erfahren zu wollen. Für die Wesen des Mitgefühls und der Liebe, die herabkommen, aber sich nicht mit der Welt befassen wollen, besteht auch die Möglichkeit, im Zustand der Nicht-Dualität, eingetaucht ins höchste Bewusstsein zu bleiben.

Um Mitgefühl und Liebe zum Ausdruck zu bringen, sowie selbstlos zu dienen, um andere zu inspirieren, jene göttlichen Eigenschaften zu erfahren, ist es unerlässlich, einen Körper anzunehmen. Hat man sich inkarniert, folgt der Körper dem natürlichen Gang der Dinge. Trotzdem ist die Beschaffenheit des Leibes eines Mahatmas anders als bei gewöhnlichen Menschen. Wenn er will, kann er den Körper so lange er wünscht frei von Leid und Krankheit halten. Die Größe eines Mahatmas besteht darin, den Körper ganz bewusst den Erfahrungen von Durchschnittsmenschen auszusetzen."

Angesichts des Lebens Christi oder Ammas kann folgender Zweifel auftauchen:

„Wenn sie göttlich sind, wenn Amma göttlich ist, warum muss sie dann so viel Leid durchmachen? Warum leidet sie auch jetzt noch so viel?"

Diese Frage lässt sich bei Christus mit dem Kommentar der Pharisäer und Sadduzäer vergleichen: „Wenn du Gottes Sohn bist, dann hilf dir selbst und steig herab vom Kreuz!" (Matthäus 27.40). Aber der Sinn von Selbstverwirklichung besteht nicht darin, so etwas zu tun. Gottverwirklichung bedeutet innere Einheit mit Gott und dass es in uns einen Ort gibt, der durch nichts berührt werden kann – nicht einmal von intensivem Schmerz und Leid. Dieser Ort ist immer ruhig und ohne Veränderung. Es ist der Wesenskern.

Amma sagt weiter:

„Eine selbstverwirklichte Seele gibt den Körper an die Welt und überlässt diesen dann dem natürlichen Lauf der Dinge. Allerdings kann man ihn zu außergewöhnlichen Leistungen veranlassen. Wurde Krishna nicht während des Mahabharata-Krieges verletzt? Kämpfte er nicht achtzehn Mal mit dem mächtigen und grausamen König Jarasandha? Schließlich verließ er diplomatisch das Schlachtfeld. Krishna hätte Jarasandha töten können, wenn er gewollt hätte, aber er tat es nicht. Es war der Pfeil eines gewöhnlichen Jägers, der Krishnas Leben in dieser Welt ein Ende setzte. Jesus wurde gekreuzigt. Beide verfügten über die Macht, den Tod des Körpers zu verhindern, aber sie erlaubten den Dingen, ihren natürlichen Lauf zu nehmen. Sie ließen sich vom Leben tragen. Sie wählten so zu sein, wie sie waren und ließen die Ereignisse zu.

„Sie waren gewillt, sich hinzugeben. Das heißt jedoch nicht, dass der natürliche Gang der Dinge unvermeidlich ist oder nicht von ihnen verhindert werden könnte, wie es bei gewöhnlichen Menschen der Fall ist. Nein, es ist nicht so. Wäre es ihr Wille gewesen, dann hätten sie alle bitteren Erlebnisse vermeiden können. Aufgrund ihrer Allmacht hätten sie mühelos ihre Gegner vernichten können, aber sie wollten ein Beispiel setzen, wollten der Welt zeigen, dass es möglich ist, ein Leben mit den höchsten Werten zu leben, auch wenn man all den Problemen des gewöhnlichen Menschen ausgesetzt ist. Aber merkt euch, dass sie die Naturgesetze durchbrechen können, wenn die Situation es erfordert."

Das waren Ammas Worte über das Wesen einer selbstverwirklichten Seele. Mitgefühl veranlasst sie herunterzukommen. Im Großen und Ganzen leben sie wie gewöhnliche Menschen. Wenn es notwendig ist, steht es ihnen frei, über die Naturgesetze hinauszugehen – wie Christus es viele Male tat. Seine Wunder waren nicht etwas Alltägliches. Und seine Worte: „Mein Gott, warum hast du mich verlassen?" waren vielleicht für diejenigen von uns gedacht, die in großer Pein und intensivem Leid ebenso empfinden und uns damit zeigen, dass dies nicht unverzeihlich ist. Es ist verständlich, wenn unter großen Qualen solche Gefühle aufkommen. Selbst Christus hat solche Worte gesprochen. Er zeigte damit auch seine Menschlichkeit. Es war nicht aus Schwäche. Mitgefühl veranlasste ihn, so zu sprechen; denn was sagte er kurz darauf?

„Herr, vergib ihnen, denn sie wissen nicht, was sie tun." (Markus 23.34)

Also war in diesem Augenblick nicht ein Nachlassen der Selbstbeherrschung die Ursache. Alles geschieht spontan und bewusst – man könnte sagen, durch göttlichen Willen. Was immer von einer göttlichen Person ausgeht, dient der Menschheit.

Da Avatare dazu da sind, ihre Lehren der Welt zu geben, Hingabe zu vermitteln, hielt ich es für eine gute Idee, einige Aussprüche Christi gemeinsam zu lesen. Ich war letztes Jahr sehr erstaunt, dass viele niemals etwas aus dem Neuen Testament gelesen haben. Ich muss zugeben, dass auch ich erst in Indien damit in Berührung kam.

Worte Christi

Jedes einzelne Wort ist wertvoll. Jedes Wort birgt spirituelles Wissen. Man könnte sagen, dass seine Lehren an die Jünger am wertvollsten sind – sozusagen die Diamanten. Christus sprach zur allgemeinen Öffentlichkeit, zu seinen Anhängern und zu seinen Jüngern, die die Wahrheit „unverdünnt" erhielten – die destillierte Wahrheit. Es gibt viele Bibeltexte mit seinen Worten an die Jünger.

Die Bibelversion, aus der ich vorlese, ist sehr amerikanisches Englisch. Ich bitte diejenigen, die die „King-James-Version" kennen, nicht zu erschrecken oder sich über diese Version zu wundern. Sie ist für alle leicht verständlich.[2]

Als Jesus die vielen Menschen sah, stieg er auf einen Berg. Er setzte sich und seine Jünger traten zu ihm. Dann begann er zu reden und lehrte sie:

„Selig sind die, die geistig arm sind, denn ihnen gehört das Himmelreich." (Matth. 5.1-3)

---

[2] Die Deutschen Zitate entstammen der deutschen Einheitsübersetzung.

Zunächst einmal sollten wir einige Begriffe dieser Bibelstelle klären. „Himmelreich" bedeutet im spirituellen Leben
Gottesbewusstsein und nicht einen Ort in irgendeiner anderen Welt oder viele Millionen oder Billionen Kilometer jenseits vom physischen Universum. Das von Christus angespro-
chene Himmelreich befindet sich in uns; es handelt sich um
einen Bewusstseinszustand. Wenn der Geist völlig ruhig wird,
dann beginnt die zuvor von Gedanken überlagerte innere
Wirklichkeit zu leuchten und man hat das Gefühl, im Himmel
zu sein. Es bedeutet innere Freude und Frieden – das ist das
Himmelreich.

Nun zum nächsten Punkt: Christus bezieht sich oft auf
den Vater: *„Mein Vater sandte mich, "* *„der Vater und ich*
sind eins." Wenn er vom Vater spricht, meint er das höchste
Bewusstsein, das absolute Sein, *satchitananda,* das
Bewusstseinsmeer, die Lebensquelle, unseren Ursprung, die
Quelle all unseres Bewusstseins, die Quelle der Welt. Das wird
mit Vater bezeichnet, bedeutet jedoch nicht, dass es sich um
einen Mann handelt – einen großen Mann mit Bart (oder
auch ohne). Der Vater ist die Wirklichkeit, die unpersönliche
Wirklichkeit.

Es ist interessant, dass Amma, als sie als junges Mädchen
einige Jahre lang den Nähkurs einer Pfarrei besuchte, oft auf
dem Friedhof zwischen den Grabsteinen saß. Sie erzählte, dass
viele verstorbene Seelen zu ihr kamen. Sie spendete ihnen
Trost. Sie suchte auch häufig die Kapelle auf und betrachtete
dann das Bildnis Christi. Wenn sie davor stand, sagte sie: „Du
bist nicht gestorben. Ich weiß, dass du nicht gestorben bist!"
Sie erzählte uns ebenfalls, dass Christus mit dem Vater Shiva
meint – so eigenartig das vielleicht klingen mag. Amma hatte
das Gefühl, dass er ein Verehrer Shivas war, so wie Amma auf
Devi und Krishna ausgerichtet ist. Auch wenn jemand selbst

ein göttliches Wesen ist, so wählen sie trotzdem einen göttlichen Aspekt, dem sie ihre Hingabe entgegen bringen, wenn sie in diese Welt kommen - als Beispiel für andere oder weil es ihnen angeboren ist. Amma fühlte, dass Christus ein Verehrer Shivas war, so wie sie selbst Krishna und Devi verehrte.

Es gibt viele Theorien darüber, dass Christus in den Jahren, über die die Bibel nichts berichtet, nach Indien ging. Wie ihr wisst, gehen die Aufzeichnungen in der Bibel bis zum zwölften Lebensjahr. Es gibt darin keinen Hinweis auf seinen Verbleib bis zu seinem plötzlichen Wiedererscheinen im 30. Lebensjahr. Es gibt viele Bücher, in denen es heißt, dass er nach Indien, Tibet und Ägypten ging – dass er so viele Orte aufsuchte. Wir sind nicht in der Lage, irgendetwas schlüssig zu beweisen. Aber meiner Ansicht nach kann man sich auf Ammas Aussagen verlassen, da sie aus eigener Erfahrung spricht. Und sie sagt, dass Christus mit Vater Shiva meint.

„Selig sind die Trauernden, denn sie werden getröstet werden. Selig, die keine Gewalt anwenden, denn sie werden das Land erben. (Matth.5.4-5) Selig sind die Barmherzigen, denn sie werden Erbarmen finden. Selig, die ein reines Herz haben, denn sie werden Gott schauen." (Matthäus 5.7-8)

Das ist die wichtigste Aussage der gesamten Bibel (Neues und Altes Testament): Wenn unser Geist rein ist, werden wir Gott schauen. Solange das nicht der Fall ist, muss er noch mehr gereinigt werden. Was ist damit gemeint? Gedankenfreiheit bedeutet Reinheit. Je zahlreicher die Gedanken, desto mehr mangelt es an Reinheit. Der Sinn von Meditation und spirituellem Leben besteht in der Reduzierung von Gedanken, damit die Wirklichkeit hindurchleuchten kann.

„Selig, die Frieden stiften, denn sie werden Söhne Gottes genannt werden. Selig, die um der Gerechtigkeit willen verfolgt werden, den ihnen gehört das Himmelreich. Selig seid ihr, wenn ihr um meinetwillen beschimpft und verfolgt und auf alle mögliche Weise verleumdet werdet. Freut euch und jubelt: Euer Lohn im Himmel wird groß sein. Denn so wurden schon vor euch die Propheten verfolgt." *(Matthäus 5.9-12)*

Die Welt hat leider kein Verständnis für das Geistige; aber das Geistige versteht die Welt. Man könnte sagen, dass dies der Kern der oben erwähnten Worte Christi ist. Auf die genannten Eigenschaften legen weltliche Menschen keinen Wert. Sie wollen weder trauern oder sanftmütig sein, noch vergeben oder barmherzig sein. Die Welt ist aggressiv und voller Wettstreit. Wer sich nicht hineinbegibt und sich holt, was er will, hat das Nachsehen. So ist die Natur der Welt, das Grundprinzip geistiger Ignoranz – Maya. Es ist jedoch nicht die Grundlage von Spiritualität oder gottverwirklichten Menschen und *mahatmas*. Die spirituellen Prinzipien hat Christus aufgezählt. Sie sind nicht leicht zu praktizieren, besonders wenn man in der Welt lebt. Satsang und das Lesen der Schriften ist deshalb wichtig, weil wir darüber das richtige Gedankengut aufnehmen. Die Welt vermittelt uns nicht die geeigneten Impulse.

„Die Welt hat wenig, was sie erträglich macht."

Diese Worte bedeuten, dass es die Heiligen und Weisen sind, die Gutes in die Welt bringen. Ohne sie wäre die Welt kein angenehmer Ort.

„Ihr seid das Salz der Erde. Wenn das Salz seinen Geschmack verliert, womit kann man es wieder salzig machen? Es wird weggeworfen und von den Leuten zertreten. Ihr seid das Licht der Welt. Eine Stadt, die auf einem Berg liegt, kann nicht verborgen bleiben. Man zündet auch nicht ein Licht an und stülpt ein Gefäß darüber, sondern man stellt es auf den Leuchter, dann leuchtet es allen im Haus. So soll euer Licht vor den Menschen leuchten, damit sie eure guten Werke sehen und euren Vater im Himmel preisen." (Matthäus 5.13-16)

„Denkt nicht, ich sei gekommen, um das Gesetz und die Propheten aufzuheben. Ich bin nicht gekommen um aufzuheben, sondern um zu erfüllen. Amen, das sage ich euch: Bis Himmel und Erde vergehen, wird auch nicht der kleinste Buchstabe des Gesetzes vergehen, bevor nicht alles geschehen ist. Wer auch nur eines von den kleinen Gesetzen aufhebt und die Menschen entsprechend lehrt, der wird im Himmelreich der Kleinste sein. Wer sie aber hält und halten lehrt, der wird groß sein im Himmelreich." (Matthäus 5.17-20)

Was will er damit sagen? Dass spirituelle Menschen wirklich das „Salz der Welt" sind, ihre Essenz. Sie machen die Welt zu einem glücklichen Ort. Wie ihr wisst, finden wir bei Amma eine Beglückung, eine besondere Freude, die wir nicht durch Materielles erhalten können. Das ist die Bedeutung seiner Worte. In der Gegenwart einer vergeistigten Person herrscht eine einmalige Seligkeit, eine Freude, die wir nirgendwo in der Welt finden können. Sie sind also das Salz der Welt, ihre Essenz. Und Amma sagt, dass solche Menschen sich nicht verstecken sollten. Genau das bringt sie in den vorhin vorgelesenen Worten zum Ausdruck. Jemand, der aus dem göttlichen Bewusstsein zurückkehrt, sollte mitfühlend sein und sich unter die Menschen begeben. So verhält sich der echte Mahatma!

„Ihr habt gehört, dass zu den Alten gesagt worden ist: Du sollst nicht töten; aber wer jemand tötet, soll dem Gericht verfallen sein. Ich aber sage euch: Jeder der seinem Bruder auch nur zürnt, soll dem Gericht verfallen sein; und wer zu seinem Bruder sagt: ‚Du Dummkopf!', soll dem Spruch des hohen Rates verfallen sein; wer aber zu ihm sagt ‚Du (gottloser) Narr!', soll dem Feuer der Hölle verfallen sein." (Matthäus 5.21-22)

Er geht also noch einen Schritt weiter. Er erklärt, dass eine physische Handlung nicht (unbedingt) ausschlaggebend ist. Selbst die kleinen Dinge sind wichtig, auch die inneren Vorgänge. Diese spirituelle Lehre geht tiefer, ist feiner.

„Wenn du deine Opfergabe zum Altar bringst und dir dabei einfällt, dass dein Bruder etwas gegen dich hat, so lass deine Gabe dort vor dem Altar liegen; geh und versöhne dich zuerst mit deinem Bruder, dann komm und opfere deine Gabe. Schließ ohne Zögern Frieden mit deinem Gegner, solange du mit ihm noch auf dem Weg zum Gericht bist. Sonst wird dich dein Gegner vor den Richter bringen, und der Richter wird dich dem Gerichtsdiener übergeben, und du wirst ins Gefängnis geworfen." (Matthäus 5.23-25)

„Ihr habt gehört, dass gesagt worden ist: Auge für Auge und Zahn für Zahn. Ich aber sage euch: Leistet dem, der euch etwas Böses antut keinen Widerstand, sondern wenn dich einer auf die rechte Wange

*schlägt, dann halt ihm auch die andere hin. Und wenn
dich einer vor Gericht bringen will, um dir das Hemd
wegzunehmen, dann lass ihm auch den Mantel.* Und
wenn dich einer zwingen will, eine Meile mit ihm zu
gehen, dann geh zwei mit ihm. Wer dich bittet dem
gib, und wer von dir borgen will, den weise nicht ab."
(Matthäus 5.38-42)

*„Ihr habt gehört, dass gesagt worden ist, Du sollst
deinen Nächsten lieben und deinen Feind hassen. Ich
aber sage euch: Liebt eure Feinde, und betet für die,
die euch verfolgen. damit ihr Söhne eures Vaters im
Himmel werdet; denn er lässt seine Sonne aufgehen
über Bösen und Guten, und er lässt regnen über
Gerechte und Ungerechte. Wenn ihr nämlich nur die
liebt, die euch lieben, welchen Lohn könnt ihr dafür
erwarten? Tun das nicht auch die Zöllner? Und wenn
ihr nur eure Brüder grüßt, was tut ihr damit
Besonderes? Tun das nicht auch die Heiden? Ihr sollt
also vollkommen sein, wie es auch euer himmlischer
Vater ist." (Matthäus 5.43-48)*

Das Ziel besteht darin, mit Gott eins zu werden – und
nichts weniger. Deshalb ist Vollkommenheit notwendig. Das
ist für die meisten von uns unter den gegenwärtigen Bedin-
gungen undenkbar. Vollkommenheit bedeutet allerdings nicht,
keine kleinen Fehler aus Mangel an Verständnis zu begehen,
sondern dass unser Verhalten und unsere Gedanken immer in
Einklang mit dem *dharma* stehen, dass unser Geist stets rein
ist. Wir können ihn entweder „abschalten" oder wunschge-
mäß einsetzen. In einem solchen Geist herrscht Vollkommenheit und vollkommenes Wissen wird darin leuchten.

Om Namah Shivaya

Satsang im „M.A. Center", 1994, Band 3, Seite A

Weihnachten und der mystische Christus 2

„Hütet euch, eure Gerechtigkeit vor den Menschen
zur Schau zu stellen; sonst habt ihr keinen Lohn von
eurem Vater im Himmel zu erwarten. Wenn du
Almosen gibst, lass es also nicht vor dir her posaunen,
wie es die Heuchler in den Synagogen und auf den
Gassen tun, um von den Leuten gelobt zu werden.
Amen, das sage ich euch: Sie haben ihren Lohn bereits
erhalten. Wenn du Almosen gibst, soll deine linke
Hand nicht wissen, was die rechte tut. Dein Almosen
soll verborgen bleiben, und dein Vater, der auch das
Verborgene sieht, wird es dir vergelten." (Matthäus
6.1-4)

All diese Aussagen sind geistige Lehre. Alle Worte Christi
sind ausschließlich spirituell. Manche seiner Lehren drehen
sich um Glauben, andere um Hingabe oder Entsagung, manche um Liebe. Hier einige seiner Worte über Entsagung.

Der Hl. Franz von Assisi begegnet dem Papst

Viele von euch haben vielleicht über das Leben von Franz
von Assisi gelesen. Er befolgte voll und ganz das christliche

Ideal der Entsagung. Er war der Ansicht, dass er in jeder Hinsicht den Worten und dem Leben Christi in der Bibel folgen müsse, um ein wahrer Jünger Christi zu sein. Wir könnten auch heute noch seine Jünger werden. Es geht eigentlich darum, einer gottverwirklichten Person als Jünger zu folgen, d.h. mehr als ein Anhänger zu sein. Franz von Assisi war also ein echter Jünger Christi. Was tat er? Er ließ alles hinter sich und übergab sich völlig dem Herrn. Er führte ein solch einfaches Leben mit nur dem Allernotwendigsten – einfachste Nahrung und Kleidung! Einfach bedeutet in diesem Fall mehr als einfach. Er trug etwas Jutesackähnliches!

Ich musste heute etwas erledigen und kam dabei in die Nähe eines Einkaufszentrums. Es war sehr eigenartig für mich, denn die Weihnachtszeit stand für mich immer in Verbindung mit Gedanken an Christus und einem Leben der Entsagung. Seine Jünger gingen zu Fuß und dachten nicht an den nächsten Tag, nicht einmal an den heutigen oder was sie essen und anziehen würden oder wo sie schlafen könnten. Und ich sah nun all die Leute für Einkäufe umhereilen und all die Dinge in den Läden lassen sich wohl kaum als Notwendiges bezeichnen. Es war für mich ein solch eigenartiger Anblick.

Franz von Assisi war ein echter Heiliger. Amma hielt, solange ihre Europatour nicht im Sommer stattfand, jedes Jahr ein Programm in Assisi ab. Er lebte dort vor achthundert Jahren, aber seine Gegenwart ist noch immer zu spüren. Amma sagte, dass er genau das Richtige in sich hatte. Ein solches Lob hört man nur selten von ihr. Viele stellen Amma Fragen über Heilige und Weise und sie lächelt nur, bzw. äußert sich nicht. Solch eine positive Aussage spricht sie nur selten aus. Es handelt sich dann um einen wirklich außergewöhnlichen Menschen.

Eines Tages ging Franziskus offenbar nach Rom. Warum? Er hatte zusammen mit einigen Freunden und Anhängern eigenhändig eine Kirche errichtet. Der Bischof der Region und die Leute, die für die Kirche in der Stadt zuständig waren, wurden sehr eifersüchtig. Sie kamen in seiner Abwesenheit, steckten die Kirche in Brand und töteten dabei einen von Franziskus' Brüdern. So kam dem heiligen Franz der Gedanke, dass er etwas Ungutes getan haben müsse. Er fragte sich, ob die Wiedererrichtung der alten Kirche oder vielleicht sogar seine Entsagung und alles andere vielleicht ein Fehler gewesen sei, da einer seiner Brüder dabei eines unnatürlichen Todes gestorben war. So beschloss er, zum Papst zu gehen, da er dachte, dieser sei Gottes Repräsentant und müsse daher alles wissen. Daher könne der Papst ihm sicherlich sagen, ob er richtig oder verkehrt gehandelt hatte.

So machte er sich auf den Weg – zu Fuß! Ich weiß nicht, wie weit es von Assisi nach Rom ist – auf jeden Fall eine große Entfernung, wenn man barfuss geht, nur mit einem Jutesack bekleidet ist und um alle Nahrung bettelt. Welch ein Unterschied zu uns, die in ein Auto steigen, hundert Kilometer in der Stunde fahren und in Restaurants einkehren... So sind unsere Pilgertouren! Franziskus mit seinen Brüdern hingegen lief barfuss in Kälte und Regen. Manchmal konnten sie bis zum Abend nicht das nächste Dorf erreichen oder blieben zwei, drei Tage ohne Essen.

Zusammen mit einigen Mitbrüdern erreichte er schließlich Rom und es gelang diesen Bettlern, eine Audienz mit dem Papst zu bekommen. Sie waren echte Bettler, jedoch Bettler Gottes und Jünger Christi.

Als sie den Vatikan betraten, sahen sie die unglaubliche Pracht. Ist jemand von euch schon einmal dort gewesen? Ich war einmal als Teenager dort. Die Großartigkeit, Schönheit, Größe und Pracht ist überwältigend. Der Überfluss machte einen tiefen Eindruck auf Franziskus. Er konnte nicht darüber hinwegkommen. Er konnte es nicht fassen, da es nichts mit Christus zu tun hatte.

Er betrachtete diese Seite und jene Seite – es gab den Chor, die Musik und Hunderte, wenn nicht Tausende von Menschen. Und der Papst saß oben auf dem Thron. Franziskus begann eine Art Bittstellung vorzulesen, die ihm jemand in die Hand gedrückt hatte, der die Audienz arrangiert hatte. Alle starrten sie an, hielten sich die Nase zu und dachten: „Was tun diese schmuddeligen Bettler hier? Wie sind sie hereingekommen?" Auch der Papst schaute skeptisch.

Was geschah dann? Franziskus konnte das gekünstelte Papier nicht lesen. Er warf es hin und begann aus der Bibel Worte Christi zu zitieren. Hier einige davon. Wir kamen gerade zu dieser Bibelstelle, die mich an die Geschichte des Hl. Franziskus erinnerte.

„Sammelt euch nicht Schätze hier auf der Erde, wo Motte und Wurm sie zerstören und wo Diebe einbrechen und sie stehlen, sondern sammelt euch Schätze im Himmel, wo weder Motte noch Wurm sie zerstören und keine Diebe einbrechen und sie stehlen. Denn wo dein Schatz ist, da ist auch dein Herz." (Matthäus 6,19-21)

Er begann also, auf diese Weise zu reden. Und die Worte gingen dem Papst zu Herzen – ich glaube, es war Innozenz III, der in der Tat etwas Unschuld in sich hatte (lateinisch:

innocens = unschuldig). Er stieg von seinem Thron herunter! Die anderen liefen angesichts solcher Worte auf Franziskus zu und schrieen ihn an: „Welch eine Beleidigung! Wie kannst du auf diese Weise sprechen!"

Es waren die Worte Christi und nicht die von irgend-jemand anderem, auch nicht seine eigenen. Er sprach auch nicht in schimpfendem Ton. In dieser riesigen Kirche verstand man die Worte des Gründers nicht. Franziskus wurde gefan-gen genommen. Die Priester schoben ihn gerade zur Tür hin-aus, als der Papst rief: „Halt, bringt ihn zurück!"

Sie führten ihn wieder hinein und der Papst ging auf ihn zu und sagte: „In jungen Jahren war ich wie du. Ich war erfüllt von dem Wunsch, Gott zu sehen und so zu leben wie Christus es den Jüngern beigebracht hatte. Aber dann hat mich diese Politik hier irgendwie gefangen genommen. Es berührt mich, deine Unschuld zu sehen."

Was tat nun der achtzig Jahre alte Papst? Er kniete vor dem zwanzig Jahre alten Betteljungen nieder, legte seinen Kopf auf dessen Füße und weinte. Die Leute in der Kirche dachten: „Mein Gott, was wird nun geschehen?"

Ein kluger Kopf äußerte: „Keine Sorge! Der Papst weiß, was er tut. Wenn er diesem armen Mann solchen Respekt zeigt, dann kommen die Armen wieder in die Kirche."

Natürlich hegte der Papst keine derart unaufrichtige Ab-sicht. Er hatte Unschuld in sich. Dann erhob er sich und ließ sich widerstrebend auf seinem Thron nieder. Der Hl. Franzis-kus kehrte zu seiner kleinen Kirche in Assisi zurück.

„Das Auge gibt dem Körper Licht. Wenn dein Auge lauter ist, dann wird dein ganzer Körper hell sein.

Wenn aber dein Auge böse ist, dann wird dein ganzer Körper finster sein. Wenn nun das Licht in dir Finsternis ist, wie groß muss dann die Finsternis sein."
(Matthäus 6.22-23)

Was ist mit lauterem Auge gemeint? Es bedeutet, dass der innere Zustand die Sichtweise bestimmt. Sind wir von Gott erfüllt, sieht man ihn überall. Ein Dieb betrachtet alle Gegenstände als eine Gelegenheit zum Stehlen. Ein gutherziger Mensch sieht überall Möglichkeiten, etwas Gutes zu tun. Unsere Wahrnehmung richtet sich also nach unserer inneren Einstellung. Die Augen sind Fenster zu unserem Innenleben. Dort wird das Wahrgenommene interpretiert. Man könnte es mit einer Sonnenbrille vergleichen. Sieht man durch grüne Gläser, erscheint alles grün. Haben wir gute Eigenschaften in unserem Inneren, so ist alles in Ordnung. Gibt es nicht eine Redensart, die das zum Ausdruck bringt?

Yudhisthira war der älteste der Pandavas – der berühmten Pandavas, die mit Krishna verwandt waren. Sie sagten immer, dass für Yudhisthira niemals ein Feind geboren wurde. Es gab in seinen Augen keine Feinde und doch feindeten ihn so viele an. Im Mahabharata-Krieg, bei dem Millionen von Menschen getötet wurden, waren die Hälfte oder drei Viertel seine Feinde! Sie wollten ihn alle vernichten. Aber in den Schriften heißt es, dass er keine Feinde hatte, da er selbst niemanden als Feind betrachtete. Er betrachtete alle als Freunde. Da sein Geist so rein war, sah er niemals jemanden als Feind – somit hatte er keine Feinde! Er war unschuldig. Das bezeichnet man als geistige Reinheit oder reines Auge. Ein solcher Mensch steht immer unter göttlichem Schutz.

Entsagung und der Mann, der keine Mücken fürchtete

*„Niemand kann zwei Herren dienen; er wird entwe-
der den einen hassen und den anderen lieben, oder
er wird zu dem einen halten und den anderen ver-
achten. Ihr könnt nicht beiden dienen, Gott und dem
Mammon."* (Matthäus 6,24)

Dieser Satz enthält Christi Lehre über Entsagung.

*„Deswegen sage ich euch: Sorgt euch nicht um das
Leben und darum, dass ihr etwas zu essen habt, noch
um euren Leib und darum, dass ihr etwas anzuziehen
habt. Ist nicht das Leben wichtiger als die Nahrung
und der Leib wichtiger als die Kleidung? Seht euch
die Vögel des Himmels an: sie säen nicht, sie ernten
nicht und sammeln keine Vorräte in Scheunen; euer
himmlischer Vater ernährt sie. Seid ihr nicht viel mehr
wert als sie? Wer von euch kann mit all seiner Sorge
sein Leben auch nur um eine kleine Zeitspanne ver-
längern? Und was sorgt ihr euch um eure Kleidung?
Lernt von den Lilien, die auf dem Feld wachsen: sie
arbeiten nicht und spinnen nicht. Doch ich sage euch:
Selbst Salomo war in all seiner Pracht nicht gekleidet, wie eine von ihnen. Wenn aber Gott schon das
Gras so prächtig kleidet, das heute auf dem Feld steht
und morgen ins Feuer geworfen wird, wie viel mehr
dann euch, ihr Kleingläubigen!"* (Matthäus 6.25-30)

Fürchtet also keinen Mangel an Nahrung oder Kleidung.

*„Denn um all das geht es den Heiden. Euer himmli-
scher Vater weiß, dass ihr das alles braucht. Euch aber*

muss es zuerst um sein Reich und um seine Gerechtig-
keit gehen, dann wird euch alles andere dazugegeben."
(Matthäus 6.32-33)

Das sind nicht nur Worte, sondern die Erfahrung eines
jeden echten Entsagenden. Es fällt sehr schwer, die Art von
Kraft aufzubringen, die für Entsagung und Gottvertrauen notwendig ist. Aber jeder, dem es gelungen ist, hat göttlichen
Schutz erlebt.

Ich kannte einmal jemanden, der alles aufgab und nichts
mehr außer zwei Tüchern *(dhotis)* besaß. Eines davon war
sehr groß, so dass er es auch um den Oberkörper wickeln konnte. Das andere legte er nach dem Baden an, so war es möglich,
das große zu waschen und zu trocknen. Er schwor, niemals
jemanden um irgendetwas zu bitten. Er verbrachte sein Leben
damit, von einem heiligen Ort zum anderen zu wandern – in
Indien gibt es viele heilige Stätten und Tempel, die von Heiligen und Weisen gegründet wurden. Er hatte beschlossen, fünfundzwanzig Jahre auf diese Weise zu verbringen. An jedem
dieser heiligen Orte verrichtete er Sadhana, meditierte, suchte die Tempel auf und nahm an Pujas teil. Er litt viel. In den
fünfundzwanzig Jahren fuhr er niemals in einem Fahrzeug mit!
Er ging in den Himalaja, wo es sehr kalt wird. Könnt ihr euch
vorstellen, nur in einem T-Shirt in die Kälte hinauszugehen
und draußen zu schlafen? Wie lange könnten wir das durchhalten? Und zwar nicht nur für ein paar Stunden, sondern
fünfundzwanzig Jahre lang! Ich teilte einmal ein Zimmer mit
ihm und in der Nacht gab es dort viele Moskitos! Noch nie
hatte ich welche von solcher Größe gesehen! Und davon gab
es mindestens fünfzehn oder zwanzigtausend! Es klang wie das
„Singen aus den Veden". Habt ihr je gehört, wie es klingt,

wenn viele Brahmanen zusammenkommen und aus den Veden
rezitieren oder wie laut unser Bhajansingen ist? Das „Singen"
der Moskitos war so ähnlich! Mir war es unerträglich! Jemand
gab mir ein Moskitonetz, in dem ich einigermaßen Ruhe hatte – bis auf zwei drei, die ins Netz hineingekommen waren
und mich verrückt machten. Ich wurde sehr ärgerlich! Ich
suchte mit der Taschenlampe nach ihnen. Ich hatte vor, diese
zwei oder drei Moskitos zu erledigen!

Und was tat dieser Mann? Er lag ohne Netz auf einer Holz-
planke – ohne Decke, Kissen oder irgendetwas! Alles was er
hatte, war sein zweites Tuch, mit dem er sich bedeckte – einem dünnen, gazeähnlichen Tuch, das war alles. Er schlief
friedlich. Er muss völlig zerstochen worden sein, aber er kümmerte sich nicht darum. Ungefähr um zwei Uhr morgens erhob er sich und saß inmitten all der Moskitos und wiederholte
den göttlichen Namen: „Ram! Ram! Ram! Ram!" Bis sechs
oder sieben Uhr morgens. Als ich ihn am Morgen näher an-
schaute, erwartete ich, dass er von Mückenstichen und Blut
bedeckt sein würde. Aber ich entdeckte keinen einzigen Stich.
Er hatte sich ganz Gott hingegeben und vertraute darauf, dass
dieser sich um ihn kümmerte. In den fünfundzwanzig Jahren
verhungerte er nicht; er war noch am Leben. Er war zwar mager,
das heißt aber nicht schwach. Er war recht kräftig.

Wenn er Bhajans hörte, geriet er in Ekstase – es war so
wunderbar anzusehen. Er konnte sich dann nicht mehr zu-
rückhalten – stand auf, tanzte, rannte, rief, schrie und lachte.
Manchmal fiel er lachend zu Boden. Dies geschah, weil er allem außer dem Denken an Gott entsagt hatte. Hörte er Bhajans,
strömte sein Geist zu dem, was gesungen wurde - er ging in
Gott ein. Und Gott ist Glückseligkeit, die Essenz von Glückseligkeit und nicht etwas Nüchternes oder Abstraktes. Das war
es also, was mit ihm geschah – er tauchte in Glückseligkeit
ein, geriet in Ekstase.

Christus und der Reiche

Es ist wesentlich, sich Gott völlig anzuvertrauen, sich ganz von ihm abhängig zu machen und auf Unnötiges zu verzichten. Das bedeutet nicht, dass wir fünfundzwanzig Jahre in Amerika umherwandern müssen oder Ähnliches, sondern möglichst wenig Ansprüche zu stellen und auf Unnötiges zu verzichten. Wie viel extra Paar Schuhe und Kleidungsstücke, sowie dieses und jenes hat jeder? Es ist unglaublich! Wir sollten uns auf das wirklich Notwendige beschränken. Alles andere gebt fort, da ihr es nicht braucht. Sogar Geld. Wie viel benötigen wir wirklich? Behaltet was ihr braucht und gebt den Rest weg! Das meint Christus mit seinen Worten an den reichen Mann, der zu ihm kam und fragte:

„Guter Meister, was muss ich tun, um das ewige Leben zu gewinnen?" (Markus 10.17)

Jemand kam also zu ihm und stellte die Frage: „Was habe ich zu tun, um Selbstverwirklichung zu erreichen - Erlösung, *mukti?"* Er hätte besser nicht gefragt. (Lachen) Frage eine gottverwirklichte Person nicht, solange du nicht bereit bist, die Antwort anzunehmen. Das meine ich ernst. Unterlasst es lieber zu fragen, wenn ihr dem Rat nicht folgt.

„Was muss ich tun, um das ewige Leben zu erlangen?"

Er dachte, es wäre sehr einfach: Fünf Minuten Meditation, vegetarisches Essen, etwas in der Art. Aber was sagte Christus?

„Warum nennst du mich gut? Niemand ist gut außer Gott, dem Einen." (Markus 10.18) (Der Mann hatte „guter Meister" gesagt.)

„Wenn du aber das ewige Leben erlangen willst, halte die Gebote (Matthäus 19.17)"

„Welche?" fragte der Mann.

Jesus antwortete:

„Du sollst nicht töten, du sollst nicht die Ehe bre- chen, du sollst nicht stehlen, du sollst nicht falsch aussagen, ehre Vater und Mutter! Und: Du sollst dei- nen Nächsten lieben wie dich selbst!" Der junge Mann erwiderte ihm: „Alle diese Gebote habe ich befolgt. Was fehlt mir jetzt noch?"" (Matthäus 19.18-20)

Er hat also die Gebote geachtet und trotzdem das ewige Leben nicht gewonnen, wo lag dann der Fehler?

Jesus antwortete ihm:

„Wenn du vollkommen sein willst, geh, verkauf dei- nen Besitz und gib das Geld den Armen, so wirst du einen bleibenden Schatz im Himmel haben; dann komm und folge mir nach."

Als der junge Mann das hörte, ging er traurig weg, denn er hatte ein großes Vermögen. Da sagte Jesus zu seinen Jün- gern:

„Amen das sage ich euch: Ein Reicher wird nur schwer in das Himmelreich kommen." (Matthäus 19.21-23)

Es ist nicht so, dass jemand dort oben am Himmelstor steht und fragt: Bist du reich, dann kommst du nicht herein, wir lassen nur Arme ein. Es ist genau anders herum, als auf der Erde. Nein, es bedeutet, dass sich der Geist mit irdischen Din- gen beschäftigt und dann nicht an Gott denken kann.

Oder, wenn man es vom *Jnana*-Standpunkt aus betrachten will (dem Pfad des Wissens und der Erkenntnis): Wie kann man den Geist nach innen richten, wenn er sich stets nach außen wendet? Wie kann man dann die innere Stille erlangen, die das Licht des Selbst reflektiert? Bei den Reichen verhält es sich in neunzig Prozent der Fälle so, dass sie nach Reichtum trachten und ihr Geist ist damit beschäftigt. Wie sollten sie gleichzeitig an Gott denken? Es gibt natürlich die seltenen Fälle – vielleicht ein Prozent – die wohlhabend sind, weil es das Schicksal so wollte, die jedoch nicht verhaftet sind. Sie sind nicht berechnend. Und sie kaufen nur das Notwendige. Sie könnten auch jederzeit allem den Rücken kehren und nicht weiter daran denken, ohne sich jemals zurückzuwenden und in die andere Richtung zu schauen. Jesus sagt also von den Reichen, dass es ihnen fast unmöglich ist, in das Himmelreich zu gelangen. Anders ausgedrückt - es gelingt ihnen nicht, tief zu meditieren.

„Nochmals sage ich euch: Eher geht ein Kamel durch ein Nadelöhr, als das ein Reicher in das Reich Gottes gelangt." (Matthäus 19.24)

Diese Aussage verwirrte die Jünger – selbst sie! Nicht dass sie wohlhabend gewesen wären. Sie wunderten sich nur darüber, dass niemand mit Geld Gottesbewusstsein erreichen kann. Ich bezweifle allerdings, dass sie an göttliches Bewusstsein als solches dachten. Das kam erst später. Aber sie fragten:

Als die Jünger das hörten, erschraken sie sehr und sagten: „Wer kann dann noch gerettet werden?" Jesus sah sie an und sagte zu ihnen: „Für Menschen ist das unmöglich, aber für Gott ist alles möglich.". (Matthäus 19.25-26)

Das bedeutet, dass durch Gottes Gnade selbst jemand, der an Reichtum hängt, die Verwirklichung erreichen kann. Nichts ist unmöglich, aber durch unsere eigenen Bemühungen kann es nicht gelingen. Allerdings müssen wir uns maximal bemühen und der Rest liegt in Gottes Händen.

Die bedeutendsten Worte Christi

Gibt es hier jemanden, der nicht Jesus' Lebensgeschichte kennt? Zusammengefasst lässt sich sagen, er machte sich daran, die Übeltäter zu vernichten, nachdem er zu den Jüngern gesprochen, verschiedene Wunder vollbracht und den Menschen Glauben vermittelt hatte. Eine seiner Absichten bestand darin, die Gesellschaft zu reinigen. Er tat ihnen nichts weiter an, als das Übel in ihnen zu zerstören, so dass das Kind in ihnen, das göttliche Kind, das unschuldige Kind in ihnen hervorleuchten konnte – Amma tut das Gleiche. In jenen Tagen wäre es die Aufgabe der Pharisäer und Sadduzäer gewesen, der Öffentlichkeit den Weg zu Gott, zur Gottverwirklichung zu zeigen. Aber das lag ihnen nicht am Herzen, ebenso wenig wie andere wirklich religiöse Angelegenheiten. Ihr Interesse lag mehr im Geschäftemachen. Christus sagte dazu:

„Macht das Haus meines Vaters nicht zu einer Markthalle." (Johannes 2.16)

Er ging hinein und stieß links und rechts die Tische um und rief:

„In der Schrift steht, Mein Haus soll ein Haus des Gebetes sein. Ihr aber macht daraus eine Räuberhöhle." (Matthäus 21.13)

In jenen Tagen standen die Priester hinter all diesem Treiben. Da diese Menschen keine Wahrheit in sich trugen, konnten sie seine Worte nicht annehmen, verschworen sich schließlich gegen ihn und brachten ihn vor Gericht. Man machte ihm den Prozess, verurteilte und kreuzigte ihn.

Es scheint, dass viele Mahatmas in Israel schon zu verschiedenen Zeitpunkten diese Geschehnisse vorausgesagt haben. Sie kündigten die Ankunft eines Avatars an. Sie nannten ihn den Messias. Sein Kommen würde die Frucht der Rechtschaffenheit aller Menschen vor seiner Geburt und aller Jahre des spirituellen und religiösen Lebens sein. Die Ereignisse, sogar seine Worte wurden vorausgesagt. Als man ihn fragte, ob er der Messias sei, bejahte er.

Auch das vermochten die Pharisäer und Schriftgelehrten nicht zu schlucken - sie konnten es nicht akzeptieren. So kreuzigte man ihn schließlich. Und er sagte am Ende: *„Vater, vergib ihnen, denn sie wissen nicht, was sie tun."* (Lukas 23.34)

Nach Ammas Aussage sollte unsere Haltung von dieser Art sein. Wir müssen uns um die entsprechenden Eigenschaften bemühen. Es hätte durchaus in Jesu und Krishnas Macht gelegen, die Situation zum Guten zu wenden. Sie waren in der Lage, sich selbst zu schützen, unterließen es jedoch. Sie betonten vielmehr Vergebung, Erbarmen und Mitgefühl.

Deshalb waren die letzten Worte Christi in Wirklichkeit das Beste, was er hätte sagen können. Wir sollten dies nicht vergessen, da es nicht nur auf Christus zutrifft, sondern auf jeden Avatar, jedes göttliche Wesen. Es verleiht uns die Kraft weiterzumachen, gibt uns Trost und den Glauben, dass unser Avatar, unser Gott immer bei uns ist.

Drei Tage nach seiner Kreuzigung erweckte Christus seinen Körper zum Leben zurück. Für eine göttliche Inkarnation ist das ein Kinderspiel. Er erschien seinen Jüngern - seinen Kindern - und er sprach kurz bevor er sie verließ mit ihnen: *„Seid gewiss, ich bin bei euch alle Tage, bis zum Ende der Welt."* (Matthäus28.20)

Om Namah Shivaya

Satsang im 'M.A. Center', 1994, Band 3, Seite B6
Entsagung – 1

Entsagung - 1

Wir haben Ammas Lied *Omkara Divya Porule* gelesen, das *Vedanta-*, bzw. *Advaita*-Philosophie enthält. Diese Ausdrücke besagen, dass man nicht der Körper, sondern *Atman* ist, dass der Körper stirbt, aber nicht das Selbst und dass das Glück, das man unentwegt – jeden Tag, jeden Augenblick – sucht, sich nicht außen befindet, sondern dass es jener Atman, d.h. das wahre Selbst ist.

Amma hat die Verse nicht selbst geschrieben, sondern ein Brahmachari notierte, was sie lehrte und brachte es in Versform.

Eine dieser Strophen haben wir beim letzten Mal besprochen. Ich lese sie vor:

Tyagam manassil varanyal kurum tapam varum mayamulam

A satiraikiloklesam varum sarva nasam varum buvil arkum

Diese Worte bedeuten: Ist im Geist keine Entsagung vorhanden, wird *maya*, die kosmische Täuschung großes Leid auslösen. Werden die Wünsche nicht entwurzelt, folgt Kummer, der jeden in dieser Welt zugrunde richtet.

Die Geschichte von Bhartrihari

Als wir diesen Vers besprachen, habe ich die Geschichte von dem Mahatma Bhartrihari erzählt, von seinem Dasein als König. Er hatte einen außergewöhnlichen Glauben, aber er war König und kein Mönch oder Entsagender. Ein Weiser kam zu ihm und reichte ihm eine Frucht mit den Worten: „Wenn du diese Frucht isst, wirst du entweder unsterblich oder lebst sehr lang." Der König gab sie an die Königin weiter, die für ihn der liebste Mensch war. Die Frucht kam schließlich zu ihm zurück, nachdem sie als Geschenk durch viele Hände gegangen war. Die Königin gab die Frucht ihrem Geliebten, dieser an seine Freundin, die Freundin an ihren Freund. So ging es weiter und die Frucht gelangte schließlich hinaus - zu jemandem irgendwo in der Stadt. Diese Person war der Ansicht, so etwas nicht verdient zu haben und dass der König die am meisten geeignete Person für diese wunderbare Frucht sei. So kam sie wieder zum König. Der König verfolgte den Weg der Frucht zurück und fand dadurch heraus, dass seine Frau ihm untreu war.

Als ihm klar wurde, dass das Liebste in seinem Leben, seine Frau, ihm nicht einmal treu war und dass ihre Liebe so oberflächlich war, erwachte er aus dem Traum der Täuschung (*maya*).

Sein Denken richtete er nun auf das Wesentliche aus. Er beschloss, der Welt, in der er sein ganzes bisheriges Leben damit verbracht hatte, Illusionen nachzujagen, den Rücken zu kehren. Er wurde Mönch (*sannyasi*) und zog sich in eine Höhle zurück - soweit ich weiß irgendwo in Bihar. Den Rest seines Lebens verbrachte er mit der Ausübung von Tapas. Er verfasste die hundert Verse der Entsagung.

Diese wunderbaren Sanskritverse heißen *Vairagya Satakam*. Es gibt vermutlich kein Buch über Loslösung oder Entsagung wie dieses. Man könnte an nächster Stelle in der traditionellen Literatur vielleicht *Bhajagovindam* von Sankaracharya nennen. Dieses Werk befasst sich ebenfalls mit dem Thema der vorübergehenden Natur der Welt, ihren illusionären Freuden und der Größe von Selbstverwirklichung.

Wir lesen nun einige Verse aus dem *Vairagya Satakam*, da sie völlig in Einklang mit Ammas Lehren stehen. Man könnte sie als eine Ausweitung bezeichnen. Warum betont Amma Entsagung so sehr? Wie schon häufig erwähnt, bedeutet Entsagung nicht, Sannyasi zu werden und sich in die Wälder zurückzuziehen oder in einem Ashram zu leben und Tapas zu praktizieren. Selbst im täglichen Leben ist für jeden ein gewisses Maß an Verzicht notwendig.

Nehmen wir einmal an, du kommst aus der Schule heim und hast morgen eine Prüfung oder Test, aber dir ist danach, Fernsehen zu schauen. Der Verstand sagt dann: „Nein, ich muss meine Schularbeiten machen, ansonsten bestehe ich den Test nicht." Welcher Stimme folgst du nun, der deiner Sinne oder der Vernunft? Ashok, machst du dich an die Computerspiele oder lernst du?

- Ich arbeite am Computer.
- Richtig. Und warum?
- Weil ich sonst beim Test durchfalle.
- Genau. Es bringt dich in Schwierigkeiten, wenn du ihn nicht bestehst. Also verzichtest du auf das momentane Vergnügen und bemühst sich um das, was auf lange Sicht eine Verbesserung bringt, nicht wahr? Das bezeichnet man als Entsagung.

Wir alle praktizieren sie. Jeder, der in der Welt irgendetwas erreichen will, muss ein gewisses Maß an Selbstkontrolle ausüben, denn die Gedanken und Sinne tendieren zum Umherschweifen. Wir neigen dazu, Glück in der Außenwelt über Sinnesobjekte zu suchen. Jeder erlebt das. Wenn wir den Sinnen jedoch freie Hand lassen, führt es zu unserer Vernichtung. Alle Konzentration geht verloren und wir sind zu nichts mehr fähig und enden in einem Loch. In den *Upanischaden* finden wir das Beispiel des Wagenlenkers, der die Zügel der Pferde in den Händen hält. Was geschieht, wenn wir die Zügel los- und die Pferde frei herumlaufen lassen?

Ich falle in die Grube und verletze mich. Also muss ich lernen, wie man die Zügel hält und die Pferde lenkt. Ebenso verhält es sich mit unseren Sinnen. Lernen wir nicht, sie unter Kontrolle zu halten, bringt es uns Leid. Es spielt dabei keine Rolle, wer wir sind. Wir können nicht sagen: „Ich wusste es nicht."

Es lässt sich mit Feuer vergleichen. Nehmen wir als Beispiel einen brennenden Gasofen, Feuer ist euch unbekannt. Ihr habt noch nie welches gesehen. Du bist noch sehr klein, vielleicht ein Jahr alt, und du sagst: „Oh, wie hübsch! Es ist so schön!" Und schon hältst du deinen Finger hinein. Was passiert? Du verbrennst dich. Kannst du dem Feuer sagen: „Ich bin ein kleines Mädchen. Ich wusste nicht, dass du mich verbrennst, das solltest du nicht tun!"

Kannst du das sagen? Nun, das kannst du, aber das Feuer wird sich nicht darum kümmern. Die Naturgesetze sind so beschaffen, dass sie nicht darauf Rücksicht nehmen, wer damit in Konflikt gerät. Sie befassen sich nicht damit, wie unschuldig oder wie unwissend du bist. Die Naturgesetze sind wie sie sind. Die Sinne kümmern sich ebenfalls nicht um uns, sie ha-

ben ihre eigene Natur, ebenso wie das Gemüt. Aber wir, die
Seele, der *Atman*, müssen lernen, wie man sie beherrscht, wenn
wir in Frieden und ohne innere Zerrissenheit auf die richtige
Weise leben wollen.

Amma sagt, dass höchste Selbstbeherrschung praktiziert
werden kann, wodurch der Geist unter Kontrolle kommt und
so ruhig wird, dass Selbsterkenntnis möglich wird. Vom Blick-
winkel der Hingabe (*bhakti*) aus gesehen ist dies das Kriterium für die Verwirklichung der göttlichen Gegenwart. Möchtest du erfahren, wer du bist - d.h. dass du wirklich der unsterbliche *Atman* und nicht der Körper bist - dann ist ebenfalls völlige innere Stille notwendig, damit die Erfahrung aufsteigen kann. Sowohl zur spirituellen Verwirklichung, als auch
zur Verbesserung der Situation in der Welt ist es notwendig,
das Strömen des Geistes nach außen einzuschränken.

Die Geschichte von Parikshit und dem Srimad Bhagavatam

Viele von euch haben vielleicht den *Srimad Bhagavatam*
gelesen. Darin finden wir eine große Anzahl von Geschichten über Sri Krishnas Leben, außerdem über die Inkarnationen
Vishnus und das Leben zahlreicher Verehrer Vishnus, sowie
über viele Könige. Das Buch wurde in der Form einer Geschichte geschrieben und ist reich an Lektionen. Diese Geschichte wird König Parikshit erzählt, der innerhalb einer
Woche zu sterben hat. Er hatte noch sieben Tage zu leben.
Ihm war mitgeteilt worden, dass er nach sieben Tagen sterben
würde. Es war sein Schicksal, von einer äußerst giftigen Schlange tödlich gebissen zu werden. Durch diese Nachricht änderte
sich die Betrachtungsweise des Lebens völlig. Bis dahin hatte
er die Freuden des Lebens genossen. Er war ein guter König,

aber wie alle anderen war er darauf aus, das Leben zu genießen. Aber angesichts der Nachricht, mit Sicherheit innerhalb einer Woche zu sterben, änderte sich alles. In seinem Bewusstsein tauchte die Frage auf: „Was bringt mir all das, was ich im Leben tat? Wozu ist mein Königreich, meine Familie, mein Reichtum, mein Prestige, meine Gesundheit und alles was ich habe gut? In einer Woche findet alles ein Ende. Gibt es nicht etwas von mehr Bestand?"

Aufgrund seiner spirituellen Neigung wusste er, dass es etwas von größerem Wert gab, als die vergänglichen Dinge der Welt – das Selbst, den *Atman*, den Anblick Gottes. So setzte er sich ans Gangesufer und begann zu meditieren.

Wisst ihr, warum wir meditieren? Weil unser Geist so ruhelos ist, dass wir ihn irgendwie beruhigen müssen, damit inneres Sehen möglich wird. Ein Mittel dazu ist Meditation. Wenn ihr das Stadium erreicht, wo ihr sehen wollt, was sich in eurem Inneren befindet, entsteht die Sehnsucht nach Frieden und man empfindet die Welt der Sinne als große Ablenkung. Wie geht es dann weiter? Man lernt spirituelle Übungen, da der Stress wahrgenommen wird, den das Sinnesleben bringt – alle fünf Sinne rennen in alle fünf Richtungen. Sie wollen immer Anregung und Befriedigung. Manche Leute, die alles erlebt haben, was die Sinne bieten und trotzdem nicht zufrieden sind erkennen: „Wie schrecklich das ist! Meine Sinne bringen mir Zerrissenheit! Obwohl ich es nicht will, machen sie weiter." Das nennt man *vasana*.

Amma gibt ein Beispiel für die Bedeutung des Begriffes. Wir beschließen, etwas nicht mehr zu tun und dann bringt uns die Gewohnheit dazu, genau das zu machen, was wir unterlassen wollen. Amma führt das Beispiel von dem Schakal und dem Hund an. Immer wenn der Schakal vorbeilief, bellte der Hund. Er nahm sich vor, die Zeit nicht mehr mit Bellen zu verschwenden. „Welchen Sinn hat es, den Schakal anzubellen?" Und natürlich bellte er trotzdem, als der Schakal das nächste Mal vorbeikam.

Amma erzählt eine andere nette Geschichte über die Katze, die lesen und schreiben lernen wollte. Habt ihr schon von dieser Katze gehört? Nein? Es gab einmal eine Katze, die es satt hatte, Mäuse zu fangen. Sie sagte sich, dass es eine bessere Möglichkeit als Mäusefangen geben müsse, um den Lebensunterhalt zu verdienen. Wenn ich Lesen und Schreiben lerne, könnte ich vermutlich eine Anstellung finden – eine vorübergehende natürlich." So machte die Katze bei einem Fernkurs mit. Sie hatte ein Buch, setzte sich nachts bei Kerzenlicht hin und las die Lektionen. Eine Woche lang lief alles gut. Dann rannte eines Abends eine Maus vorbei. Die Katze vergaß ihre Lektionen und jagte hinter der Maus her – wobei sie die Kerze umstieß. So wirkt ein Vasana. Wir beschließen: „Ich tue dies nicht mehr – was auch immer geschehen mag." Wenn sich dann die entsprechende Situation ergibt, tun wir es doch wieder. Das ist typisch für Vasanas und ein weiterer Grund für Selbstbeherrschung und Entsagung, damit wir nicht nach der Pfeife unserer Sinne und Gewohnheiten tanzen müssen.

Der König bemühte sich zu meditieren, aber es gelang ihm nicht. Dürstet man sehr nach innerem Frieden – aus welchem Grund auch immer – hat man entweder viel gelitten oder einen Einblick in einen höheren Zustand erfahren oder ist einem Mahatma wie Amma begegnet. Dein Lehrer taucht auf, wenn solch ein Durst vorhanden ist – ganz gleich, wodurch er ausgelöst wurde. Es ist nicht einmal notwendig, nach einem Meister oder Guru Ausschau zu halten. Es wird geschehen, weil es so sein muss. Es entspricht einem spirituellen Naturgesetz.

Als Parikshit am Ganges saß und sich bemühte zu meditieren, erschien Suka – eine große, selbstverwirklichte Seele – in Begleitung einer Reihe anderer Mahatmas. Er gab Parikshit eine besondere Art von Einweihung: Er erzählte ihm eine lange Geschichte. Sie dauerte sieben Tage. Es war der *Srimad Bhagavatam*. Am Schluss sagte Suka: Ich erzählte dir diese lange Geschichte über die Natur des Universums und den Sinn spirituellen Lebens, Hingabe und Meditation, Weisheit und Entsagung usw. nur aus einem Grund: damit ein Gefühl der Losgelöstheit gegenüber Sinnesfreuden entsteht. Nur dann wird es dir gelingen, den Frieden und die Glückseligkeit deiner Seele (Atman) zu erfahren.

Durch eine Mischung von Hingabe – durch das Hören all der Geschichten über Krishnas Leben und den Vishnu-Avataren – und Ernsthaftigkeit, da der Tod bevorstand und durch die Offenbarung der Natur der Welt durch Sukas Worte, schloss er schließlich seine Augen, nachdem er sieben Tage lang den *Bhagavatam* angehört hatte und zerriss den Schleier der Illusion. Das bedeutet, sein Geist geriet in einen Zustand vollkommener Stille. Darin erblickte er sich selbst, d.h. sein wahres Selbst. Er verlor jegliches Körperbewusstsein, alles weltliche Bewusstsein. Hat man kein Körperbewusstsein, ist auch kein weltliches Bewusstsein vorhanden. Es ist wie beim Schlafen – wir verlieren das Körperbewusstsein und es existiert auch keine Welt mehr. Das äußere Bewusstsein Parikshits verschwand, aber innerlich war er sich seines wahren Selbst völlig bewusst. In diesem Zustand kam die Schlange, biss ihn und sein Körper starb. Aber er ging für immer in die Seligkeit des Atman ein.

Worte Bhartriharis über Verlangen und Entsagung

Entsagung im Sinne der Fähigkeit, das Denken und die Sinne abstellen zu können, um bei der Bemühung um Innenschau völlige Stille zu erreichen, ist unerlässlich. Das ist durch Satsang möglich, durch die Gegenwart einen Wesens wie Amma oder Geschichten aus den Heiligen Schriften. *Vairagya Satatam* wurde zu diesem Zweck geschrieben. Bhartrihari hat es sicherlich aus persönlicher Erfahrung heraus verfasst, aber das Werk entstand auch, um anderen damit zu helfen.

Wir werden so viel wie möglich in der noch verbleibenden Zeit lesen.

„Alle Herrlichkeit sei mit Shiva, dem Licht der Erkenntnis, das im Tempel des Yogi-Herzens wohnt und der wie die aufgehende Sonne die dichte Front der endlosen Nacht der Unwissenheit, die den menschlichen Geist umwölkt, verschwinden lässt. Ihm folgen gutes Gelingen und Wohlergehen. Spielerisch verbrannte er Cupido gleich einer Motte. Er erscheint mit einem strahlenden Halbmond auf der Stirn."

Bhartriharis *ishta devata* - die von ihm verehrte Gottheit - war Shiva; deshalb beginnt er sein Werk mit einem Lobpreis Shivas. Ich möchte nicht jeden einzelnen Vers vorlesen, denn es sind rund hundert; ich lese ungefähr dreißig davon.

„Wir freuen uns nicht an den weltlichen Vergnügungen, sondern werden davon verschlungen."

Habt ihr je zuviel gegessen? Das Essen sah so appetitlich aus. Man genoss es, konnte aber nicht aufhören zu essen. Was

geschah? Was mit Freude begann, endet mit Schmerzen – mit
Bauchschmerzen. Stimmt's? So wirken die Sinne. Ein Mittel-
maß ist in Ordnung. Aber wenn du keine Kontrolle über das
Gaspedal hast, dann verspeist das Essen dich und nicht du das
Essen.

*„Es wurde keine religiöse Askese ausgeübt, sondern
das Feuer der Entsagung hat uns verbrannt. Die Zeit
ist nicht vergangen, sondern wir vergehen durch das
Herannahen des Todes. Das Verlangen verliert nicht
an Kraft, aber wir, denn wir werden senil."*

Amma hat zu diesem Thema gesagt, dass die Wunschnatur
immer sechzehn Jahre alt bleibt, auch wenn der Körper hundert Jahre alt sein mag. Glaubt nicht, dass eine alte Person
keine Begierden mehr hat, sie sind genauso stark wie bei
Sechzehnjährigen.

*„Das Gesicht ist von Falten gezeichnet, der Kopf mit
weißgrauem Haar bemalt und die Glieder sind ge-
schwächt. Die Wünsche allein sind jung geblieben."*

Der Körper ist schwach und hinfällig geworden, aber die
Begierden sind nicht schwächer. Sie werden nicht von selbst
schwächer, wenn man sich nicht darum bemüht. Durch Al-
tern verlieren sie nicht an Kraft. Denke deshalb nicht: „Oh,
wenn ich achtzig Jahre alt bin, höre ich mit all den Dingen
auf, meditiere und gehe in einen Ashram." Es bringt nichts, so
zu denken, da die Wünsche nicht nachlassen. Und sie bringen Unruhe in unseren Geist und in die Sinne. Aber die
Wunschnatur ist nicht so abstrakt wie wir vielleicht denken.
Sie hat zwar keine konkrete Form, aber wir wissen, worum es

sich handelt. Wir sehen die Wirkungsweise. Es ist die Kraft
unserer Wünsche, die unseren Geist nach außen lenkt.

*„Obwohl alle meine Freunde, die mir so lieb wie das
Leben sind, so schnell gen Himmel geflogen sind;
obwohl der Reiz des Vergnügen verblasst ist und das
Verlangen nach Respekt von allen Leuten verloren
gegangen ist; obwohl das Augenlicht vom grauen Star
getrübt ist und der Körper sich nur langsam am Stock
erheben kann, ist der Körper so einfältig, beim Gedanken an Auflösung durch den Tod zu erschrecken."*

Obwohl ich altersschwach geworden bin, alle meine Freunde verstorben sind und ich so senil bin, dass ich kaum noch
am Stock hochkommen kann, zittre ich beim Gedanken an
den Tod.

Wenn wir einen Wunsch haben, folgt darauf die Hoffnung auf Erfüllung. Auf diese Weise wirkt *maya*. So steht es in
den Schriften und Amma sagt dasselbe. Alle Heiligen und
Weisen sagen das Gleiche. Die Vorstellung, durch etwas in
der Außenwelt dauerhaftes Glück zu erlangen, beruht auf der
kosmischen Illusion (*maya*). Unser gesamtes spirituelles Leben dreht sich nur darum, uns von der Kraft der Täuschung zu
befreien. Was tut man, wenn man in den Himmel aufsteigen
und über die Anziehungskraft der Erde hinaus gelangen möchte? Sitzt du einfach nur da, verschwindet die Schwerkraft nicht.
Was muss ich tun, wenn ich fliegen will? Ich muss in ein Flugzeug steigen. Warum ein Flugzeug? Was brauche ich, wenn
ich vorhabe, die Erdatmosphäre zu verlassen? Ein Raumschiff.
Was macht das Raumschiff? Es braucht eine bestimmte Geschwindigkeit, nicht wahr? Hat es eine gewisse Geschwindig-

keit erreicht, kann es die Anziehungskraft der Erde hinter sich
lassen. Bleibe ich hier auf der Erde sitzen, gibt die Schwerkraft
mich nicht frei. So ist ihre Natur. Genauso verhält es sich mit
der kosmischen Täuschung, sie lässt uns niemals frei. Nicht
dass sie grausam, bzw. boshaft wäre oder einfach ein schlechter Witz. Es ist schlichtweg ihre Natur – wie bei Feuer. Feuer
ist auch nicht grausam, sondern hat einen Zweck zu erfüllen.
Könnt ihr euch die Erde ohne Schwerkraft vorstellen? Was
würde geschehen? Wir würden im Raum herumschweben und
aneinander stoßen. Alles Mögliche würde geschehen. Die
Schwerkraft ist notwendig. Möchten wir aus irgendeinem
Grund ihren Wirkungskreis verlassen, benötigen wir eine bestimmte Geschwindigkeit. Wir müssen eine gewisse Entfernung
erreichen, um von ihr frei zu werden. Außerhalb der Anziehungskraft der Erde haben wir entweder freien Fall oder freies
Schweben.

Beabsichtigen wir, von der Kraft der Täuschung loszukom-
men, wollen wir nicht nach der Pfeife unserer Sinne tanzen,
wünschen wir uns Befreiung von der Illusion, dass irgendwel-
che vergänglichen Dinge uns glücklich machen könnten, so
müssen wir darum ringen. Wir dürfen damit nicht aufhören,
bis wir der Kraft der Täuschung entflohen sind – das nennt
man *moksha*, Erlösung oder Selbstverwirklichung. Wie viel
müssen wir kämpfen, wie oft? So zu fragen lässt sich mit der
Frage vergleichen: „Wie oft muss ich fliegen, um über die
Schwerkraft hinaus zu gelangen?" Man muss solange fliegen,
bis man die Zone der Anziehungskraft verlassen hat.

Darin liegt die Bedeutung ständiger Bemühungen im spirituellen Leben; man muss sich immer wieder daran erinnern.
Aus diesem Grunde wiederhole ich meine Worte oft. Damit
möchte ich nicht sagen, selbst jenseits der Täuschung zu sein.
Die Aussagen treffen auf mich genauso zu und werden in mei-

nem Gedächtnis wieder lebendig. Jedes Mal, wenn ich etwas
von dieser Art lese, immer wenn ich selbst darüber spreche,
ruft es in mir die Wahrheit wach, dass Maya ständig versucht,
mich hinunterzuziehen und dass ich mich bemühen sollte, aus
dieser Illusion zu erwachen. Solche Texte über den Tod des
Körpers rütteln uns wach. Selbst wenn der Körper älter wird,
lassen die Wünsche nicht nach. Was auch immer man in der
Welt getan hat, es hat kein dauerhaftes Glück gebracht. Welchen Frieden und welche Seligkeit ich auch immer erreicht
habe, es geschah ausschließlich durch Fortschritte beim Meditieren oder in der Selbstkontrolle. Solche Texte dienen also
als Mittel zum Zweck.

*„Die Dinge, die uns Freude bereiten, verlassen uns
irgendwann, auch wenn sie lange Zeit bei uns gewesen sind. Welchen Unterschied bringt der Entzug für
den Menschen, dass er nicht freiwillig bereit ist, sie
wegzugeben?"*

Wir sprachen kürzlich über dieses Thema: „Du kannst es
nicht mitnehmen." Nun, es gibt eine Möglichkeit zum Mitnehmen. Welche? Kennt ihr die Redensart „Du kannst es nicht
mitnehmen"? Du kennst sie nicht, Ashok? Sie bedeutet, dass
man beim Tod nichts mitnehmen kann. Alles bleibt hier. Wie
ist es dann möglich, etwas mitzunehmen? Es gibt eine Möglichkeit, wisst ihr welche?
    - Gottverwirklichung.
    - Das ist natürlich das Höchste. Aber schon bevor wir sie
erreichen. Es ist ein Geheimnis, ein Trick – sehr geheim. Möchtest du etwas mitnehmen, sagen wir tausend Dollar. Nein, ich
scherze nicht. Du hast tausend Dollar, die du mitnehmen
möchtest. Du solltest sie weggeben. Gib sie weg, da du all das,

was du fortgibst mitnimmst. Ergibt das einen Sinn? Das karmische Gesetz lautet: Alles was du tust, erhältst du zurück. Deshalb besteht die einzige Möglichkeit zum Mitnehmen im Weggeben. Im richtigen Augenblick stehen diese Dinge dann zur Verfügung. Eigenartig nicht? Aber so ist es.

Bhartrihari sagt in diesem Text: Warum die Dinge nicht weggeben, bevor sie uns verlassen oder wir sie, statt daran festzuhalten, obwohl wir wissen, dass die Dinge an denen wir uns erfreuen nicht bleiben. Verlassen uns die Vergnügen, reißen sie sich von uns los, so verursacht das großen Schmerz in uns. Nehmen wir einmal an, jemand stiehlt dir etwas oder im Geschäftsleben läuft etwas schief – ein Verlust oder Bankrott – dann fühlst du dich miserabel. Das wäre nicht der Fall, wenn du entsprechend weggegeben hättest. Dann fühlst du dich gut. Wenn Menschen Dinge freiwillig fortgeben, fördert dies die ewige Seligkeit der Selbstverwirklichung. Gemeint ist jedoch nicht, zu geben um zu erhalten. Das ist nicht das Prinzip, das wir zu lernen versuchen. Das wäre Berechnung. Geben bedeutet, sich gut zu fühlen, ohne etwas zurück zu erhalten. Ruhelosigkeit und Egoismus entstehen durch den Wunsch zu bekommen, durch Verlangen. Wenn du nicht mehr haben, sondern nur noch geben möchtest, dann ist das, was du erhältst etwas ganz anderes als das, was du gibst: Es stellt sich Frieden ein. Das geschieht nur durch Verzicht.

„Gesegnet sind diejenigen, die in den Bergeshöhlen leben und über Brahman - das höchste Licht - meditieren, während Vögel furchtlos auf ihrem Schoß sitzen und die Tränen der Glückseligkeit, die sie bei ihrer Meditation vergießen, trinken. Unser Leben rinnt schnell dahin, während wir im Genuss des Lebens in

palastartigen Häusern schwelgen oder an erfrischen-
den Pools oder in Lustgärten liegen – die durch Vor-
stellungskraft und Nachdenken entstanden sind."

Gesegnet sind also diejenigen, die in der Seligkeit der
Meditation über Gott leben und die Tränen der Glückseligkeit vergießen. Vögel sitzen auf dem Schoß solcher Menschen,
da sie keine Angst vor ihnen haben.

„Ich ernähre mich von dem, was ich durch Betteln
erhalte. Als Bett dient mir die Erde. Diener ist der
Körper selbst. Als Kleidung habe ich eine zerschlisse-
ne Decke mit hundert Flicken und trotzdem ver-
schwinden die Wünsche nicht."

Obwohl ich nichts besitze, auf alles verzichtet habe, bin
ich unfähig, der Wunschnatur zu entsagen. So stark ist sie!

„Ohne von der verbrennenden Kraft des lodernden
Feuers zu wissen, stürzen sich die Insekten hinein."

Habt ihr je eine Motte beobachtet, die in ein Feuer oder
eine Lampe fliegt? Könnte sie ein Feuer finden, würde sie hin-
einfliegen.

„Der Fisch schluckt in seiner Unwissenheit den Kö-
der, der an einem Haken hängt. Wir hingegen sind
mit vollständiger Unterscheidungskraft ausgestattet
und verzichten trotzdem nicht auf die Sinnesfreuden,
obwohl sie mit vielen Gefahren verbunden sind. Wie
unergründlich doch die Kraft der Täuschung ist!"

Ich möchte daran erinnern, dass weder Amma, noch die Schriften oder irgendjemand anders sagt, dass jeder ein Yogi in einer Höhle werden, niemand ein weltliches Leben führen und sich am Leben freuen sollte. Das ist nicht gemeint. Behalte aber diese Grunderkenntnis im Hinterkopf. Wenn du dann irgendwann im Leben feststellst, dass es nicht gelungen ist, über Sinnesfreuden und weltliches Leben Glück zu finden, wenn dein Verlangen nicht erfüllt wurde, dann kannst du dich auf diese Worte besinnen. Dann kann man die Orientierung ändern und sich auf das ausrichten, was spirituelles Leben genannt wird oder göttliche Glückseligkeit.

„Ist der Mund vor Durst trocken, trinkt der Mensch kühle Getränke. Leidet er Hunger, nimmt er schmackhaft zubereiteten Reis zu sich. Wird er vom Feuer der Lust ergriffen, umarmt er den Partner. Glück ist also nur ein Heilmittel für diese Krankheiten des Hungers, Durstes und der Lust. Und sieh, wie der Mensch auf der Suche danach in Aufruhr gerät!"

Bhartrihari vergleicht den Durst der Sinne mit einer Art Krankheit. Das ist eine Betrachtungsmöglichkeit. Unsere Sinne werden unruhig, werden stimuliert, geraten in Aufruhr. Und dann tun wir dies und jenes, um die Reizung zu beseitigen. So sieht unser Leben aus.

„Aufgrund der Vorstellung, diese Welt sei von Dauer, und da er durch Unwissenheit in die Irre geführt wurde, lässt sich der Mensch von dieser Welt gefangen nehmen - lässt er sich von großen Häusern vereinnahmen, von durch Gelehrte geschätzten Söhnen, von unsagbarem Reichtum, von einer geliebten Frau.

*Gesegnet sind diejenigen, die die vorübergehende
Natur dieser Welt bedenken und ihr entsagen. Die
Grube unseres Magens ist schwer zu füllen und ist die
Wurzel von nicht geringem Fall."*

Warum sagt er das? Wenn es nicht notwendig wäre, jeden
Tag zu essen, hätten wir wesentlich weniger Probleme - Verdauungsstörungen, Übergewicht usw. Müsste man nicht essen, bräuchte man sich auch keine Arbeit suchen, wenn man
einen einfachen Lebensstil führt. Man muss essen, um zu leben. Bist du fähig, mit einem Minimum an Kleidung unter
einem Baum zu leben, dann wäre das ausreichend. Es bestünde keine Notwendigkeit für mehr; aber wenn man essen muss,
braucht man Geld und vieles mehr.

*„Er ist sehr geschickt darin, sozusagen die grundlegenden Knoten unserer geschätzten Selbstachtung zu
durchtrennen."*

Was ist damit gemeint? Unser Magen. Viele Leute werfen
ihre Selbstachtung über Bord, um ihren Bauch zufrieden zu
stellen.

„Vergnügen wird von der Angst vor Krankheit begleitet."

Bei Krankheit kann man sich nicht richtig vergnügen.
Nehmen wir an, du isst gern, hast jedoch keinen guten Magen oder keine Zähne – dann bleibt die Freude auf der Strecke. Stell dir vor, du genießt gern schöne Anblicke, kannst aber
nicht gut sehen oder du hörst gern schöne Musik, bist jedoch
schwerhörig. Jede gesundheitliche Störung beeinträchtigt das

Vergnügen. Es ist auch möglich, dass der bei Sinnesfreuden auftretende Energieverlust zu Krankheit führt.

„Hat man sich von gesellschaftlichen Positionen abhängig gemacht, besteht die Furcht, sie zu verlieren. Wer viel besitzt, fürchtet sich vor Dieben, wem Ehre zuteil wird, fürchtet Demütigung. Mächtige fürchten Feinde, schöne Menschen das Alter. Der Körper bringt Todesangst mit sich. Alle Dinge dieser Welt, die mit dem Menschen in Verbindung stehen, werden von Furcht begleitet. Nur Entsagung steht für Furchtlosigkeit. Die Gesundheit des Menschen wird durch Hunderte von körperlichen und psychischen Störungen vernichtet. Wo immer sich Lakshmi aufhält, haben Gefahren offenen Zugang."

Was ist damit gemeint? Lakshmi ist die Göttin des Reichtums und Wohlergehens. Nach Aussage der Weisen ist Reichtum ein offenes Tor für Leiden, da er mit so vielen Komplikationen einhergeht. Die meisten Menschen in der Welt sind nicht dieser Ansicht. „Wohlstand bringt Glück und all unsere Sorgen haben ein Ende", ist die übliche Denkweise. Aber einer wirklich spirituellen Person liegt nicht im Geringsten an Wohlstand. Ihr Reichtum ist innerer Friede.

Die Geschichte von Lakshmi, die Swami Vidyaranya erscheint

Ihr habt vielleicht die Geschichte von Swami Vidyaranya schon gehört. Er war der Premierminister von König Krishnadevaraya, einem berühmten König. Er baute das

Vijayanagar-Königreich auf. Dieser Premierminister hatte wie alle anderen den Wunsch nach Wohlergehen und Reichtum; so führte er drei Mal täglich alle Lakshmi-Pujas aus und rezitierte zehntausend Mantren. Er hatte außerdem ein Lakshmi-Mantra, das er regelmäßig wiederholte. Er besuchte bei Tag und bei Nacht Lakshmi-Tempel. Er legte außerdem viele Gelübde ab, um ihre Gnade und damit Reichtum zu erhalten. So vergingen Jahre, aber er wurde nicht reich. Er mochte so nicht weitermachen und ihm wurde klar: „Warum verwende ich so viel Energie darauf? Mein Leben verrinnt." Er beschloss, Sannyasi zu werden und sich um Gott-, bzw. Selbstverwirklichung und Unsterblichkeit zu bemühen. Er verließ sein Heim und legte die safranfarbene Sannyasin-Kleidung an. Ausgerechnet dann erschien diese wunderschöne Frau vor ihm. Nun, ihr wisst, um wen es sich handelte – Lakshmi! Er erkundigte sich, ob er etwas für sie tun könne.

Sie antwortete: „Du hast die ganzen Jahre zu mir gebetet, nun bin ich endlich gekommen."

Er entgegnete: „Jetzt kommst du, aber jetzt möchte ich dich nicht mehr."

Dann sagte sie: „Ich habe dir etwas zu geben."

Er daraufhin: „Nun, dann gib mir den Reichtum spirituellen Wissens, den Reichtum der Verwirklichung." So erteilte sie ihm den Segen, ein Weiser voller Kenntnisse der Schriften und spiritueller Erfahrung zu werden. Da er den Segen Lakshmis erhalten hatte, erhielt er den Namen 'Vidyaranya'. Der Name bedeutet: jemand der ein Wald der Gelehrtheit ist - so weise.

Sich an Lakshmi für Reichtum zu wenden, endet letztendlich in einer Sackgasse aufgrund all der Probleme, die wir zuvor besprochen haben – Tod, Feinde, Diebe und alles, was die Welt ausmacht.

„Alles Geborene stirbt."

Hat der Schöpfer etwas Beständiges erschaffen? In dieser Welt gibt es nichts von Bestand.

„Die Freuden der verkörperten Wesen sind vorübergehend – wie Blitze in den Wolken. Das Leben ist so unsicher wie ein Tropfen Wasser auf einem Lotusblatt. Die Wünsche der Jugend sind unbeständig. Mögen die Klugen, denen dies schnell klar wird, ihren Geist fest in Yoga verankern, was mit Geduld und Gleichmut leicht zu erreichen ist. Das Alter wartet und erschreckt die Menschen wie ein Tiger. Krankheiten befallen den Menschen wie Feinde. Das Leben fließt dahin, wie Wasser aus einem lecken Gefäß. Wie erstaunlich, dass der Mensch trotzdem mit seinen Übeltaten fortfährt!"

Wir haben erst die Hälfte, aber es ist schon recht spät. Wir machen nächste Woche weiter und bemühen uns dann fertig zu werden.

Om Namah Shivaya

Satsang im 'M.A. Center', 1994,
Band 4, Seite A

Entsagung – 2

Wir haben über einige von Ammas Strophen des Bhajans *Omkara divya porule* gesprochen. Es sind Ammas Vedanta-Verse, d.h. über die Vedanta-, bzw. Advaita-Philosophie. Sie vertritt die Nicht-Dualität, dass man das Selbst ist und nicht der Körper. Aber leider sind wir alle tief in den Schlaf der Traumwelt versunken, die kosmische Täuschung oder Maya genannt wird. Die einzige Möglichkeit daraus zu erwachen besteht in intensiven spirituellen Praktiken und Loslösung von dem Traum.

Wir begannen vor einigen Wochen, dieses Thema zu erörtern. Ich möchte gleich am Anfang betonen, dass es sich hiermit nicht um die einzige Lehre Ammas handelt. Sie lehrt auch, dass man durch intensive Hingabe, verschiedene Bhakti-Wege, Gottergebenheit, oder den Pfad selbstlosen Dienens, der Geist zu seiner wahren Natur – dem Atman, dem unsterblichen Selbst – erwachen kann. Aber da wir mit *Omkara divya porule* begonnen haben, sprechen wir jetzt über die Philosophie der Nicht-Dualität und der Notwendigkeit für *vairagya*. Ich erkläre gleich, was ich unter diesem Begriff verstehe.

Wir sagen, wir befinden uns im Maya-Schlaf. „Maya" bedeutet die Kraft, die uns die Wirklichkeit vergessen lässt. Sie ist immer vorhanden und sorgt dafür, dass wir die jeweiligen Gegebenheiten als real betrachten, was uns dann Schwierigkeiten bringt. Wir vergessen nicht nur die Realität, sondern auch Tatsachen. Nehmen wir einmal an, wir haben einen anderthalb Jahre alten Jungen vor uns. Bevor er diese Welt kennenlernt, legst du ein paar Goldstücke und einige Kekse vor ihn hin. Was meint ihr, wird der kleine Junge nehmen? Die Kekse? Sind alle dieser Ansicht? Ja, warum greift er nach den Keksen. Sie sind leichter in die Hand zu nehmen, richtig. Außerdem weiß der Junge nicht, dass er mit den Goldstücken ganze Berge von Keksen kaufen könnte. Er sieht nur das unmittelbare Vergnügen, das sich direkt vor ihm befindet. Er denkt nicht an langfristige Investitionen oder Ähnliches. Das ist Maya: Man sieht immer nur das unmittelbare Vergnügen, das wir durch irgendeinen Gegenstand erhalten. Darauf stürzen wir uns; alles Andere lassen wir außer Acht – die immer geltende Wahrheit.

Unser Thema ist Vairagya und wie man aus der Maya-Täuschung erwacht. Amma bezeichnet Vairagya als wesentlich. Ihr habt vielleicht von Shankaracharya gehört – sogar er sagt: Selbst wenn man über keine andere gute Eigenschaft verfügt, Vairagya reicht aus, um Selbstverwirklichung zu erreichen oder den Zyklus von Geburt und Tod zu verlassen. Was versteht man also darunter? Die Abwesenheit von *raga*. Das ist sehr viel? Nein. Mit Raga bezeichnet man nicht nur eine bestimmte Melodie, die du spielst, sondern auch die Anziehung zu oder Bindung an etwas. Unser Geist bewegt sich ständig hin und her zwischen Anziehung und Abneigung gegenüber diesem oder jenem. Gelegentlich finden wir auch Indifferenz. Vairagya bedeutet also die Abwesenheit von Anziehung oder Bindung und erweckt uns aus unserem Traum. Wir schlafen weiter, weil wir am Traum der Täuschung festhalten wollen, da wir ihn attraktiv finden. Dadurch entsteht eine gewisse Kraft und Energie, die sich über Geburten hinweg fortsetzt. Die ganze Angelegenheit wird recht kompliziert, da das karmische Gesetzt wirkt, solange wir schlafen. Alles, was wir in diesem Traum tun, hat seine Wirkung und Reaktion. Die einzige Möglichkeit zur Unterbrechung dieses Zyklus, bzw. Brechen des Rades besteht darin, aufzuwachen. Das bedeutet, wir müssen unseren Geist aus dem Traum zurückziehen, dann erfolgt der Bruch. Das Herausbrechen aus dem Traum wird *bhoda*, Erleuchtung, Selbstverwirklichung oder Erlösung aus dem Zyklus von Geburt und Tod genannt - *mukti* oder *moksha*.

Ich gebe euch ein konkretes Beispiel für Vairagya:

Die Geschichte von Samarta Ramdas und Shivajis Königreich

Es lebte einmal ein großer Mahatma mit Namen Samarta Ramdas. Vielleicht habt ihr schon von ihm gehört. Er lebte vor vier- oder fünfhundert Jahren in Indien und war ein Sannyasi. Nicht immer war er ein Sannyasi gewesen, hatte jedoch eine Veranlagung dafür. Er war ein großer Verehrer Hanumans, der sein Lieblingsaspekt Gottes war. Ramdas eiferte allen guten Eigenschaften nach, die Hanuman besaß: Hingabe an Ram, Bereitschaft zu dienen und Entsagung.

Seine Heirat stand bevor. Bei den indischen Hochzeiten – ich weiß nicht, ob es noch immer so ist; damals lief jedoch alles sehr orthodox ab – saßen Braut und Bräutigam mit einer Abschirmung (Stück Stoff oder Vorhang) zwischen sich einander gegenüber. Kurz vor ihrer Begegnung und Eheschließung, sagte der Priester: „Sei wachsam! *Jagfata!*„ Als Ramdas

das hörte – wohl weil es sein Schicksal war, Sannyasin zu werden - durchzuckte ihn der Gedanke „Ich sollte wachsam sein!" Bin ich mir sicher, dass ich mich auf diese komplexe Situation einlassen will? Habe ich wirklich begriffen, was alles damit zusammenhängt? Wird alles gut ausgehen?" Das eine Wort: „Sei wachsam", löste all diese Gedanken aus. Wie ein Affe sprang er von seinem Sitz auf, rannte aus dem Hochzeitssaal und die nächsten zwölf Jahre wurde er nicht mehr gesehen. Das ist wahre Entsagung. Aber damit noch nicht genug.

Ein Zuhörer: „Wahrscheinlich hat ihn die Furcht gepackt."

Nun, es mag vielleicht als Angst vor Leid, Komplikationen usw. anfangen, aber nicht jeder empfindet auf diese Weise. Nicht alle fühlen sich veranlasst, für zwölf Jahre in den Wald zu entfliehen. Aber es geschah so, da es sein Schicksal war, Mönch zu werden. Ein Wort reichte. Niemand musste ihm immer wieder dasselbe erklären. Es war für ihn nicht notwendig, Bücher zu lesen. Er überlegte nicht berechnend: „Wenn ich dieses tue, was geschieht dann? Wenn ich jenes mache, was passiert dann? Sollte ich dies oder jenes tun?" Nein.

Er sprang also auf, rannte fort und begann mit intensiven spirituellen Übungen im Wald. Man sah ihn in Nordindien, wo die Temperaturen zum Gefrierpunkt absinken, mitten im Winter bis zum Hals im kalten Wasser stehen. Er stand dort bei Tag und bei Nacht, manchmal Tage hintereinander und rezitierte sein Mantra. Er stellte sich auch unter glühender Sonne in einen Feuerkreis. Welche Absicht stand hinter diesen intensiven Bußübungen? Er wollte Losgelöstheit von der physischen Existenz und der Welt gewinnen, um in das Selbst, seine Seele, einzugehen.

Durch sein Sadhana erreichte er schließlich Vollkommenheit. Eines Tages wanderte er durch eine Stadt, in der der Palast des Königs Shivaji stand. Ramdas ging um Nahrung bettelnd dort vorbei. Als Bettelschale diente eine ausgehöhlte und gesäuberte Kokosnuss-Schale. Bei jedem Haus sagte er: „Biksham dehi ca Parvati, „Oh, göttliche Mutter ich bitte dich um Almosen." Shivaji nahm Stift und Papier zur Hand, schrieb etwas auf und legte den Zettel in die Schale. Ramdas fragte: „Was ist das für ein Unfug? Kann ich von diesem Papier meinen Hunger stillen?" Shivaji entgegnete: „Bitte lies, Swamiji." So nahm Ramdas den Zettel aus der Schale und las. Was stand dort? Shivaji hatte ihm sein gesamtes Königreich vermacht. Das ganze Königreich! Er sagte: „Es gehört dir. Ich möchte nichts mehr mit meinem Königreich zu tun haben. Das sind meine Almosen an meinen Guru."

Das ist durchaus glaubwürdig, es kommt sogar heute noch vor. So groß ist ihre Hingabe an den Guru und ihre Liebe, dass sie alles geben – nicht nur ihre Zeit, Geist oder Herz, sondern auch ihren Besitz – ohne zu kalkulieren geben sie alles ihrem Guru. Ohne zu wissen was geschieht, springen sie furchtlos ab - wie von einen Kliff. Kurz bevor sie aufschlagen, werden sie aufgefangen und sanft auf den Boden gestellt.

Shivaji vermachte Ramdas also sein gesamtes Königreich. Dieser las den Zettel und antwortete: „Vielen Dank, es gehört jetzt mir, aber verwalte es nun für mich."

Dann ging er zum nächsten Haus, um Almosen zu erbitten. Bei beiden haben wir echte Entsagung, doppeltes Vairagya. Sowohl der Jünger, als auch der Guru waren wirklich losgelöst. Keiner von beiden wollte das Königreich.

Das war ein praktisches Beispiel für Vairagya. Es ist notwendig zur Beruhigung des Geistes. Mangel an Loslösung verursacht unsere innere Unruhe. Der kleine menschliche Geist rennt von einer Sache zur anderen. Bekommt er etwas, stellt sich ein oder zwei Sekunden lang Stille ein. Eine Ausnahme ist unser Schlaf oder wenn wir uns in *samadhi* befinden. Die meisten von uns waren noch nie in Samadhi, deshalb findet unser Geist seine Ruhe in der Regel im Schlaf.

Irgendwann haben wir genug von dieser ständigen Ruhelosigkeit. Man könnte sagen, dass wir uns dann auf dem Weg zurück zum wahren Selbst, zu Gott befinden. Wir müssen das Stadium erreichen, wo wir sagen: „Oh, ich habe genug von dieser endlosen Ruhelosigkeit. Mit nichts von dem, was ich erhielt oder tat, habe ich immerwährenden Frieden gefunden. Er kommt und geht - er erscheint und verschwindet wieder."

Es gibt ein sehr schönes Gedicht, das von einem Heiligen verfasst wurde. Er beschreibt, wie wir zum Selbst zurückkommen oder schließlich gar nicht anders können, als zu Gott zurückzukehren. Es liegt in der Natur der Dinge, dass jeder irgendwann diesen Zustand erreicht. Das Stadium echter Loslösung wird sich einstellen. Hier das Gedicht. Es ist sehr schön.

„Die Wasser steigen vom Meer auf und werden zu Wolken, die dann als Regen über Flüsse zum Meer zurückströmen. Nichts kann ihre Rückkehr vereiteln. Ähnlich erhebt sich die Seele aus Dir und kann nicht daran gehindert werden, wieder in Dich einzugehen, obwohl sie auf ihrem Weg in zahlreiche Wirbel gerät. Ein Vogel, der von der Erde in die Lüfte aufsteigt, kann dort keinen Ruheort finden, sondern muss wieder zur Erde zurückkehren. So kommt niemand umhin, den Pfad zurück zu gehen, und wenn die Seele den Weg

zurück zur Quelle findet, sinkt sie in Dich hinein, wird
eins mit Dir, oh Meer der Seligkeit!"

Das wird mit uns geschehen. Wir entsprechen dem Wasser, das aus dem Meer aufgestiegen ist, wir regnen wieder auf die Erde hinab und werden zu einem Fluss, der in so viele Richtungen fließt, bevor er schließlich ins Meer zurückfließt. Oder wir gleichen einem Vogel, der in die Lüfte hinauffliegt: Er muss wieder herunterkommen, da er nicht immer dort bleiben kann. Irgendwann ist er erschöpft. Wo befindet sich das Ziel, die Quelle? Es ist das Meer der Glückseligkeit. Wir suchen ständig danach, finden es jedoch nicht.

Die Verse von Bhartrihari

Wir haben über *Vairagya Satakam* gesprochen, das vermutlich größte Werk eines Heiligen zum Thema Entsagung. Wir haben letzte Woche damit begonnen, es zu lesen und ich wollte heute damit gerne weiter machen oder vielleicht auch fertig werden, da jede Strophe wachrüttelt und etwas in uns berührt.

Parikshit und die Todesangst

Es lebte einmal ein König, der erfuhr, dass er innerhalb einer Woche zu sterben hatte. So gab er alles auf, meditierte und verwirklichte Gott innerhalb einer Woche. Nach Ammas Aussage reicht bei solcher Intensität ein kurzer Augenblick aus. Obwohl Parikshit sehr losgelöst und voll auf die Selbstverwirklichung konzentriert war, fürchtete er den Tod sehr. Dagegen ist nichts einzuwenden. In gewisser Weise ist Angst sogar gut, da sie uns den Impuls zu intensiver spiritueller Übung gibt. Was tat nun Parikshit? Sein Vorgehen war recht bemerkenswert. Da er erfahren hatte, dass er am siebenten Tag durch einen Schlangenbiss sterben würde, ließ er eine hohe Säule errichten – bestimmt fünfzehn oder sogar dreißig Meter hoch. Oben befand sich ein Zimmer. Nur über ein Seil konnte man hinauf oder hinunter gelangen. Auch er selbst kletterte am Seil hoch. Er meditierte in dem Raum und zu Essenszeiten ließ er einen Korb hinab, der dann mit Früchten und anderen Dingen gefüllt wurde. Auf diese Weise kam er an diesen sieben Tagen zu seinem Essen. Unten hatte er seine gesamte Armee stationiert. Ihr könnt euch denken, was dann die Schlange bei ihrer Ankunft erwartet hätte.

Aber was geschah? Die Schlange, die ihn beißen sollte, war keine gewöhnliche Schlange. Sie war sehr klug und verwandelte sich in einen kleinen Wurm - nicht einmal einen Regenwurm, sondern einen winzigen Wurm. Die Schlange bohrte ein kleines Loch in eine der Früchte - vielleicht eine Mango oder einen Apfel – die am siebenten Tag zum Frühstück hochgeschickt wurden. Als Parikshit die Frucht nahm und gerade hineinbeißen wollte, steckte der Wurm den Kopf heraus, lächelte ihn an, verwandelte sich in eine Schlange und biss ihn. Das war sein Ende. Man kann seinem Schicksal nicht entfliehen. Wenn das Ende gekommen ist, kann man tun, was man will – sich in die Lüfte begeben oder unter die Erde, in sein Zimmer oder auf die Straße, wo auch immer – man muss gehen. Dagegen ist nichts zu sagen. Jeder muss einmal die Erde verlassen.

Wir lesen jetzt einige von Bhartriharis Versen – jeder ein Juwel. Hört euch die Worte nicht wie Poesie oder Philosophie an, sondern versucht jeden Vers ins Herz aufzunehmen, denn dazu sind sie gedacht. Die Zeilen sollen uns aufwecken, so dass

wir zumindest einen Augenblick lang einen Einblick in die
Natur von Maya erhalten, da wir so tief in ihr schlafen. Es ist
unglaublich, wie tief unser Schlaf ist.

„Das Alter wartet auf den Menschen und erschreckt
ihn wie eine Tigerin.
Verschiedene Krankheiten greifen den menschlichen
Körper an wie Feinde.
Das Leben rinnt dahin, wie Wasser aus einem lecken
Gefäß. Es ist erstaunlich, dass der Mensch mit seinen
Übeltaten fortfährt!"

Das heißt nicht, dass es im Leben nichts Gutes gibt oder
dass wir uns nicht am Leben erfreuen sollten, es ist jedoch
wichtig, diese Seite des Lebens auch zu verstehen. Spirituelles
Leben beinhaltet mehr als nur davon angetan zu sein – es bedeutet, die wahre Natur der Dinge zu erfassen und nicht, sie zu
ignorieren. Es ist notwendig, sowohl die schöne Seite des Lebens, als auch die schmerzhafte zu sehen – beide Seiten der
Münze. Das ist echte Weisheit. Insbesondere für uns, die daran gewöhnt sind, nur die schöne Seite zu sehen oder ausschließlich diese zu suchen, ist es unerlässlich, die Dinge in
ausgewogenerer Weise zu betrachten.

„Zahlreich sind die Freuden und vorübergehend ihre
Natur – das ist die Natur der Welt. Was, oh Mensch,
ist dann der Grund, hier herumzuwandern? Höre auf,
dich für weltliches Vergnügen abzumühen. Denn
wenn du darauf vertraust, dass die Grundlage unseres
Wortes die höchste Wirklichkeit ist und du deinen
Geist konzentrierst, der rein wurde, indem du die

Hoffnung mit ihren hundert Maschen unter Kontrolle brachtest, dann wirst du frei von Verlangen."

Wünsche veranlassen uns, all den vergänglichen Dingen nachzulaufen. Auch wenn man das Gewünschte nicht erhält, bleibt die Hoffnung darauf. Bhartrihari ruft uns auf, seinen Worten zu vertrauen, da sie aus der Erfahrung der Wirklichkeit geboren wurden. Gib die Hoffnung auf Wunscherfüllung auf, damit der Geist still werden kann.

„Es gibt nur eine einzige Freude, die dauerhaft und unwandelbar ist und so erhaben, dass die größten Besitztümer wie die Herrschaft über die drei Welten dagegen nichtig erscheinen. Ist man in diese höchste Seligkeit eingegangen, erscheinen selbst die Götter Brahma, Indra und andere wie Grasshalme. Setze dein Herz nicht auf vergängliche Freuden, sondern nur auf die höchste."

Spirituelles Leben bedeutet nicht Freude aufzugeben, sondern die höchste anzustreben. Deshalb ist man mit den bisherigen nicht zufrieden. Jemand besitzt einen gewöhnlichen Chevy; dann entsteht der Wunsch nach einem Mercedes Benz, später einem Rolls Royce und was dann?

Ein Zuhörer: „Eine Limousine."

Eine Limousine. Okay. Nächste Woche solltest du hier oben auf dem Podium sitzen, da du all die guten Einfälle hast! So ist die Natur der Menschen: Wir besitzen ein kleines Haus. Dann meinen wir, es wäre viel besser, ein größeres Haus zu haben. Wenn wir ein größeres Haus bekommen, reicht uns auch das noch nicht. „Ich wünschte, es wäre größer." Dann siehst du, dass jemand ein noch größeres hat. „Oh, mein Haus

reicht mir nicht, ich möchte ein größeres." Wie weit kann
man das treiben? Das ist die Natur der Dinge. Bei den Freuden
ist kein Ende abzusehen, da es keine entgültige Erfüllung gibt
- das ist niemals möglich. Deshalb sagt Bhartrihari, dass es nur
eine Freude gibt, die einen für immer erfüllt und die sogar die
erhabene Stellung der höchsten Götter im Universum wie
Grasshalme erscheinen lässt.

Das sagt auch Amma. Es gibt ein Lied, in dem Amma ihre
Erfahrung beschreibt:

*„Ich sah alles als mein eigenes Selbst und das ganze
Universum als kleine Blase in meiner Unendlichkeit."*

Wenn man aus diesem Schlaf erwacht, erlebt man das
ganze Universum in der eigenen ewigen Unendlichkeit, die
höchste Seligkeit ist. Darin besteht das Ziel spirituellen Lebens. Aus diesem Grund lautet der Rat, nur dieses Ziel anzustreben und nicht die Kräfte damit zu verschwenden, hinter
anderen Dingen herzulaufen. „Verschwende deine Zeit nicht
in all den Verwicklungen Mayas."

*„Waren einmal Viele in einem Heim, so ist es jetzt
Einer, und wo es Einen oder Viele gegeben hat, ist am
Ende niemand mehr."*

Versteht ihr das? In einem Haus waren Viele, dann nur
noch Einer und später war nicht einmal mehr Einer vorhanden (Gedanken).

*„Es ist der Vorgang, bei dem die Zeit ihr Spiel auf dem
Schachbrett der Welt spielt – mit Lebewesen als*

Schachfiguren. Die zwei Würfel rollen Tag und Nacht. Jeden Tag bei Sonnenauf- und -untergang wird das Leben kürzer. Aufgrund der schweren Beladenheit mit vielfältigen Aktivitäten wird die Zeit nicht bemerkt. Der Anblick von Geburt, Tod und Alter löst keine Angst aus. Leider ist die Welt durch das Trinken von Maya irregeworden."

Mit jedem Tag, mit jeder Nacht rinnt das Leben dahin und wird kürzer. Wir sind mit so vielen Dingen beschäftigt, dass wir es nicht einmal wahrnehmen. Wir sind trunken mit dem Wein Mayas. Amma rät uns, an einen leiderfüllten Ort zu gehen; auch wenn wir selbst dort nicht viel Leid erleben, können wir jedoch die Natur dieses Rades begreifen und erkennen wie unbarmherzig das karmische Gesetz ist. Wenn ihr Menschen seht, die sehr leiden, so denkt: „Das könnte auch mir passieren."

„Obwohl die Menschen erleben, wie ein Tag in gleicher Weise dem anderen folgt, behalten sie ihren vergeblichen weltlichen Kurs bei und setzen die verschiedenen Beschäftigungen fort, die unerkannt durch ihren eigenen Willen in Gang gesetzt wurden. Wir schämen uns nicht, vom Zyklus der Geburt und des Todes zum Narren gehalten zu werden mit Beschäftigungen, deren Inhalt sich ständig wiederholt, weil wir sie leider lieb gewonnen haben."

Eine Kuh käut immer denselben Klumpen Gras wieder. Auf diese Weise verläuft auch unser Leben: Wir wiederholen ständig dieselben Tätigkeiten. Wir erleben immer wieder das Gleiche, aber trotzdem machen wir weiter. Es kommt uns nicht

der Gedanke, über das gewöhnliche Leben hinauszugehen.
Das ist Maya.

„Die Personen, die uns geboren haben sind jetzt ver-
traut mit der Ewigkeit."

Das bedeutet, sie sind schon lange tot.

„Die Menschen, mit denen wir aufwuchsen, sind nur
noch eine Erinnerung. Da wir nun alt sind, rückt unser
Ende mit jedem Tag näher. Unsere Situation lässt sich
mit einem Baum an sandigem Flussufer vergleichen."

Was geschieht mit einem Baum, der an sandigem Flussufer
wächst?
Eine zarte Kinderstimme - „Er stirbt."
- „Und was geschieht, wenn er stirbt?"
- „Er sinkt in den Sand."
- „Er fällt um, nicht wahr?"
- „Ich denke, er wird verrotten."
- „Er vergeht, richtig. In ähnlicher Weise leben wir am
sandigen Ufer der Zeit, da sie kein festes Ufer hat. Der Fluss
der Zeit spült den Sand unter den Wurzeln fort. Schließlich
fällt der Baum um und verrottet."

„Für kurze Zeit ein Kind, dann ein Jugendlicher mit
erotischen Neigungen, für kurze Zeit Not leidend,
dann im Überfluss, verhält sich der alte Mensch wie
ein Schauspieler am Ende seiner Rolle, wenn das Al-
ter alle Gliedmassen befallen und den ganzen Körper
mit Falten übersät hat - er tritt von der Szene ab, die
den Ort des Todes verhüllt."

Eine Person ist jetzt jung, dann wird sie älter und älter, bis
sie schließlich von der Szene abtritt. Die Welt ist eine Bühne.
Man erinnert sich an die Kindheit, die allzu schnell vorbei
war. Es folgten all die Pflichten des Erwachsenendaseins. Für
manche von uns ist das Alter gekommen. Als Nächstes folgt
der Tod. Was kommt dann?

Ein Kind: „Wiedergeburt."

- Richtig.

*„Oh unruhiger Geist, mal sinkst du in niedere Regio-
nen ab, dann wieder erhebst du dich in die Lüfte oder
wanderst in allen Himmelsrichtungen umher. Warum
konzentrierst du dich nicht wenigstens einmal, und
sei es versehentlich, auf die höchste Wirklichkeit deines eigenen Selbst – frei von allen
Unvollkommenheiten, wodurch du die höchste Seligkeit erreichst!"*

Unser Geist streift überall hin, nur nicht dorthin, wo er
sich hinbegeben sollte – dem eigenen Selbst. Er verhält sich
wie ein Fluss, der aus dem Gebirge heraustritt: Er strömt überall hin. Er fließt nie zu seinem Ursprung zurück. Aber letztendlich muss er dorthin zurückkehren. Wir lernen, wissen und
erleben so Vieles und schließlich erreichen wir den Punkt, wo
wir zum Ursprung zurückkehren möchten. Wir sind zur Überzeugung gelangt, dass es nichts anderes gibt, als im Selbst zu
ruhen. Genau das geschieht, wenn wir uns schlafen legen. Wie
viel man auch weiß, erlebt oder besitzt, am Ende des Tages
hast du keinerlei Interesse mehr daran, sondern nur am Schlafen, denn wenn du einschläfst ... Was geschieht dann?

Ein Kind: „Du ruhst nur."

~ Richtig. Man vergisst alles, denn all die verschiedenen Tätigkeiten ermüden nach einer Weile. Aber ganz gleich, wie viel du schläfst, man könnte immer noch weiter schlafen. Man steht nur auf, weil man andere Dinge zu tun hat, aber Schlafen ist so angenehm. Es gibt uns einen flüchtigen Einblick in das Selbst. Allerdings ist es (beim Schlafen) dunkel statt hell, aber wir erleben die Seligkeit, die Ruhe und den Frieden (des Selbst). So verhält es sich auch am Anfang des spirituellen Lebens. Der Geist beschäftigt sich mit allem Möglichen, nur nicht mit Gott oder dem Selbst. Das ist der gegenwärtige Zustand – insbesondere, wenn man versucht zu meditieren. Hält man jedoch durch, sagt Amma, tritt mit der Zeit ein Wandel ein, vergleichbar mit Frischwasser, das wir in ein Gefäß voller Salzwasser gießen – nach und nach ersetzt es das Salzwasser. Gießt man lange genug frisches Wasser hinzu, bleibt schließlich kein Salzwasser mehr übrig, nur noch Frischwasser. Fährt man damit fort, Gedanken an Gott, das Mantra oder andere Übungen in den ablenkbaren Geist zu geben, dann ersetzt der eine Gedanke die vielen. Irgendwann erreicht man den Zustand, in dem man an nichts anderes mehr als an Gott denken kann und der Geist schweift nicht mehr ab.

Dazu ist größte Anstrengung bei den spirituellen Übungen erforderlich, aber es ist machbar. Es ist denen gelungen, die die Selbstverwirklichung erreicht haben. Wir bezeichnen sie als Heilige oder Weise. Die meisten wurden nicht als Mahatmas geboren. Nur sehr wenigen ist die notwendige Konzentration angeboren. Die Anderen unternahmen größte Anstrengungen. Der Geist lässt sich trainieren; es ist möglich, ihn zu konzentrieren, auf eine Sache zu richten. Er ist fähig, Brahman zu erfahren, bzw. die Wirklichkeit. Eigentlich ist er großartig – man kann ihn für alles Gute, allerdings auch für alles Üble einsetzen, aber auch für das Allerhöchste - das ist Vereinigung mit Gott – aber er muss trainiert werden. Spiritualität dreht sich darum, den Geist zu üben.

Amma gibt das Beispiel von Leuten, die auf Kokospalmen klettern. Wer von euch schon in Kerala war, weiß, dass sie dort überall wachsen – zu Millionen – Wälder von Kokospalmen. Wie erntet man die Kokosnüsse?

Ein Kind: „Man muss hinaufsteigen."

- Richtig, du musst hinaufklettern. Eine andere Möglichkeit gibt es nicht. Nehmen wir einmal an, du wirst in eine Familie von Kokospalmen-Kletterern geboren, was bedeutet, dass man als Erwachsener ebenfalls diesen Beruf ergreift. Eines Tages sagt dein Vater zu dir: „Es ist an der Zeit, dass du Baumklettern lernst."

Dann machst du dich daran hochzuklettern – versuchst es zumindest – und nach einem Meter stürzt du hinunter. Du versuchst es noch mal und rutscht wieder ab. Nach erneutem Versuch bist du irgendwie entmutigt und rufst aus: „Diesen zehn Meter hohen Baum komme ich nie hoch, ich schaffe ja nicht einmal einen Meter! Es hat keinen Sinn. Ich mache etwas anderes."

Dann wird dein Vater sagen: „Nein, nein, du musst ein Kokospalmen-Kletterer werden; es gibt für uns keine andere Möglichkeit. Seit Tausenden von Jahren war das unser Beruf." Was machst du dann? Du versuchst es immer wieder. Beim nächsten Mal kommst du schon etwas weiter, bevor du abrutscht. Aber die Vorstellung, dass es keine andere Möglichkeit gibt, lässt dich weitermachen. Und du kommst allmählich immer etwas höher – bis du schließlich die Spitze erreichst. Du wirfst die Kokosnüsse hinunter, und kannst schnell wie ein Wiesel hinauf- und herunterklettern. Es erforderte viel Übung und Geduld. Amma sagt also, dass wir wie der Sohn

eines Kokospalmen-Kletterers den Baum unseres Geistes er-
klimmen und die Spitze – den tausendblättrigen Lotus, wo
Gott wohnt und erstrahlt - erreichen müssen. Wenn wir im
Hinauf- und Hinuntergehen geübt sind, ist alles in Ordnung.
Bis dahin müssen wir unsere Bemühungen in dem Wissen,
dass wir keine andere Wahl haben fortsetzen. Es gleicht einer
inneren Reise.

*„Im Alter verschrumpelt der Körper. Der Gang wird
tattrig. Die Zähne fallen aus. Das Augenlicht geht
verloren. Das Gehör wird schlechter. Der Mund sab-
bert. Die Verwandten messen unseren Worten keinen Wert bei. Der Frau sind wir gleichgültig. Selbst
die Söhne werden feindlich gesinnt. Oh Elend eines
alten Tattergreises!"*

Solche Worte hören wir nicht gern, aber sie sind wahr. Es
sind alles Tatsachen, allerdings nicht die echte Wahrheit, die
eine Wirklichkeit.

*„Wer weise ist, sollte die größten Anstrengungen für
das höchste Gut aufwenden, solange der Körper noch
frei von Krankheit und Gebrechen ist, solange Seni-
lität noch in der Ferne weilt, solange die Sinneskräfte
noch intakt sind und Altersschwäche noch nicht ein-
gesetzt hat – denn welchen Nutzen hat es, einen Brunnen zu graben, wenn das Haus in Brand steht?"*

Habt ihr verstanden? Was kann man machen, wenn das
Haus brennt?
Ein Kind: Die Feuerwehr anrufen.
- Und wenn man kein Telefon hat?

- Dann läuft man hin.
- Und wenn du in einem kleinen Dorf wohnst, wo es keine Feuerwehr gibt? Dann geht
man zum benachbarten Haus.
- Und fragt, ob man das Telefon ausleihen kann.
- Nein! Wenn das Haus brennt, würde man als erstes wahrscheinlich versuchen, Wasser zum Löschen zu bekommen. Ist ein Wasserhahn vorhanden, öffnet man ihn und du hast Wasser. Aber wenn man nun keinen Wasserhahn hat?
- Dann geht man zum Fluss.
- Wenn es keinen Fluss gibt und auch keinen Wasserhahn, dann muss ein Brunnen vorhanden sein. Aber wenn es keinen Brunnen gibt, was dann?
- Wegrennen!
- Das würde die Feuerwehr sagen! Nein, du würdest nach Wasser graben, sagt der Vers, allerdings bringt es nichts mehr, wenn das Haus bereits brennt. Ähnlich hat es keinen Sinn, zu versuchen intensive spirituelle Übungen zu machen oder den umherschweifenden Geist zu beherrschen, wenn es dem Ende zugeht. Warum? Weil man vom körperlichen Zusammenbruch in Anspruch genommen wird. Man sorgt sich um dieses und jenes. Wie soll man den Geist dann nach innen konzentrieren? Wie sollte er fähig sein, sich an eine geistige Disziplin zu halten? Setzt also eure ganze Energie ein, bevor dieser Zustand eintritt und verwirklicht euer Selbst.

„Wenn die Ehre verblasst, der Reichtum dahin ist, diejenigen, die Gefälligkeiten wünschen, enttäuscht gegangen, nur wenige Freunde geblieben und die Gefolgsmänner fort sind, die Jugend allmählich dahingebröckelt ist, bleibt dem einsichtigen Menschen nur eines: sich in einen Hain am Hang eines Himalaja-

Tales zurückzuziehen, wo die Felsen von den Wassern des Ganges gereinigt wurden."

Bhartrihari versucht nun, uns zu erhabenen Gedanken anzuregen. Er hat die Welt so dargelegt, wie sie ist. Was ist nun zu tun? Traurig werden? Sich elend fühlen? Nein, wir sollten denken: „Welche Alternative haben wir in dieser Situation, in diesem Zustand?" Er rät, ein Leben in einem Ashram oder in einer Hütte im Himalaja am Gangesufer in Erwägung zu ziehen, um dort deine spirituellen Übungen zu praktizieren, wenn all diese Gegebenheiten eingetreten sind und man die Natur der Welt begriffen hat.

Om Namah Shivaya

Satsang im „M.A. Center", 1994,
Band 4, Seite B

Entsagung - 3

In den letzten zwei Wochen haben wir darüber gesprochen, wie tief wir im Schlaf der Täuschung (Maya) versunken sind, so dass wir es nicht einmal bemerken. Der Sinn von Schriften wie das *Vairagya Satakam* besteht darin, uns wachzurütteln, damit wir einen Einblick in die Wahrheit erhalten. Dann können wir mit spiritueller Lebensführung und Sadhana beginnen.

Die Geschichte der Heirat Narada Maharshis

Es gibt eine recht interessante Geschichte über Maya – wie man alles vergisst, nicht einmal seine Versunkenheit in Maya bemerkt und wie eine Begebenheit zur nächsten und wiederum zur nächsten usw. führt. Es geht tiefer und immer tiefer, bis wir schließlich hoffentlich einen Aufschrei an Gott richten und anfangen zu erwachen.

Vielleicht habt ihr alle schon von Narada Maharshi gehört. Narada ist einer der himmlischen Weisen, kein irdischer Mensch. Er ist auf den feinstofflichen Existenzebenen beheimatet. Wenn wir den physischen Körper verlassen – was uns allen irgendwann bevorsteht – ist damit unsere Existenz nicht beendet, sondern wir leben auf einer feinstofflichen Ebene weiter. Es gibt viele solcher Welten, die *lokas* genannt werden. Dort lebt Narada, aber er kann sich auch auf der Erde manifestieren, was er viele Male getan hat. Er gilt als herausragender Mahatma, als ein sehr großer Weiser.

Eines Tages saß er im Himalaja und verrichte Askese (*tapas*). Er war gerade in tiefer Meditation versunken, nicht völlig absorbiert, aber doch recht tief. Die Götter, insbesondere Indra, der Götterkönig, begannen sich Sorgen zu machen. Sie sind keine erleuchteten Wesen. Sie verrichteten viele gute Handlungen – vielleicht sind sie in die Schule gegangen und haben gute Noten bekommen – aber nicht nur das, sie führten eine große Anzahl von Wohltaten aus – vielleicht viel vedischen Gottesdienst, Puja, verschiedene Sadhana-Arten – nicht unbedingt die Art, von der wir sprechen, also nicht für *atma sakshatkara*, Selbstverwirklichung, sondern mehr für weltliche Zwecke. In früheren Zeiten, war das die Methode zum Erreichen schwieriger Ziele, die man sonst für unmöglich hielt. Die Menschen verrichteten dann Tapas, beteten, machten Bußübungen, legten Gelübde ab... Die Götter erreichten ihre Existenzebene durch Tapas. Aber sie sind nicht erleuchtet. Sie verfügen über mehr Macht als die Menschen, sind jedoch keine Heiligen und schon gar keine Weisen.

Indra hat einen eigenartigen Charakterzug: Obwohl er der König der Götter ist, befürchtet er ständig, dass ihm jemand diese Position streitig machen könnte. Als er Narada bei der Ausführung von Tapas, Japa und Meditation sah, befürchtete er, dass Narada es auf seine Position als Götterkönig abgesehen hatte. In Wirklichkeit war Narada überhaupt nicht daran interessiert, da er von Gott erfüllt war. Aber Indra dachte auf diese Weise und sorgte in der Regel für Hindernisse auf dem Weg des *tapasvi* (des Asketen). Meistens schickt er immer das

gleiche Hindernis: die himmlischen Tänzerinnen (*apsaras*). Er
kann aber auch zu anderen Mitteln greifen. Von einem möchte ich erzählen.

Ein anderes Mal gab es einen weiteren Yogi, der Tapas
verrichtete. Indra regte sich darüber auf. Er schickte jemanden mit einem Korb voller *papadams* hinunter. Weiß jeder,
was ein Papadam ist? Einige offensichtlich nicht. Ich glaube,
letzte Woche gab es sie als *prasad*. Wie kann man sie beschreiben? Sie schmecken sehr gut, sind knusprig und ... Ich weiß
nicht so recht, womit man sie vergleichen könnte, da sie so
einmalig sind. Sehr knackig, gebraten, schmecken ausgezeich-
net und sind dünn wie Kartoffelchips. Jeder mag Papadams.

Der zuvor erwähnte Tapas-Yogi hatte das Gelübde abge-
legt, seine Zunge zu beherrschen – den Geschmackssinn – und
kein Schweigegelübde, da es niemanden gab, mit dem er sich
unterhalten konnte. Er wollte die Zunge unter Kontrolle bekommen und nur von Bäumen gefallene, trockene Blätter essen. So überlegte Indra, wie er sein Tapas verderben könnte.
So kam es, dass er jemanden mit einem Korb voller Papadams
schickte. Die Papadams wurden in Stücke gebrochen und unter
die Blätter gemischt, die auf dem Boden lagen, wo der Yogi
immer hinging, um Blätter zu essen.

Als der Yogi seine Meditation beendet hatte, ging er dort
hin und sammelte einige Blätter zum Essen. Sie schmeckten
anders. Blätter schmecken normalerweise nicht sehr gut, etwas bitter, aber diese waren außergewöhnlich schmackhaft.
Durch den Verzehr dieser Blätter nahm er immer mehr zu und
wurde dadurch bei der Meditation schläfrig. Er dachte ständig
an den nächsten Verzehr dieser leckeren Blätter. In dieser Weise
zerstörte Indra sein Tapas.

Es mag sich hier nur um eine Geschichte handeln, aber
diese Dinge geschehen. Wenn wir uns bemühen, im spirituel-

len Leben weiterzukommen, tauchen aus irgendeiner Richtung verschiedene Hindernisse auf – eines nach dem andern – ich weiß nicht, ob es Indra oder irgendjemand anders, oder was es ist.

Als Narada dabei war, Tapas zu machen, beschloss Indra, einige *apsaras* – einige Mädchen – zu schicken. So machten sie sich auf den Weg. Sie hatten die Aufgabe, ihn von seiner tiefen Konzentration abzubringen. Sie tanzten und sangen. Außerdem hatten sie ihre Instrumente dabei: *tablas*, *mrindangam*, Harmonium usw. Aber Narada öffnete seine Augen nicht. Sie taten ihr Bestes, aber nichts geschah. Sie fühlten sich schließlich entmutigt, kehrten zu Indra zurück und berichteten von ihrem Versagen.

Nach einer Weile öffnete Narada seine Augen, da er sich nicht in Samadhi, sondern nur in Meditation befunden hatte, und er dachte: „Ich muss tatsächlich Vollkommenheit erreicht haben, da die *apsaras* keine Wirkung auf mich hatten." Etwas Stolz schlich sich ein und er machte sich auf den Weg zum Berg Kailash. Er wollte jemandem von seiner Größe berichten. So suchte er Shiva auf und fragte: „Shivaji, hast du schon gehört? Als ich Tapas machte, sandte Indra mir alle diese Mädchen und es hat mich überhaupt nicht berührt; es löste keine Störung aus. Ich habe nicht einmal meine Augen geöffnet, obwohl ich wusste, was vor sich geht."

Shiva sagte daraufhin: „Oh, das ist wunderbar! Du bist wirklich ein großer Mahatma! Du bist vollkommen! Es ist in Ordnung, dass du es mir erzählt hast, aber lass dir eines sagen: Teile es auf keinen Fall Vishnu mit, " (weil Vishnu der Guru, die Gottheit Naradas ist).

Fordert uns jemand auf, etwas nicht zu tun, dann dreht sich natürlich sofort unser Denken darum, genau das zu machen. Amma hat uns die Affengeschichte erzählt – es geht darum, nicht an einen Affen zu denken. Der Kranke suchte einen Arzt auf und der verschrieb ihm eine Medizin, aber gab ihm die Anweisung: „Wenn du diese Medizin nimmst, darfst du nicht an einen Affen denken, sonst wirkt sie nicht. Als der Mann zuhause seine Medizin nehmen wollte, kamen ihm sofort Gedanken an Affen. So konnte er die Medizin nicht einnehmen. Bittet man jemanden, etwas zu unterlassen, dann wird diese Person genau das tun wollen.

Sofort machte sich Narada auf den Weg zu Vishnu und sagte: „Hast du's schon gehört? Ich bin vollkommen geworden. Die himmlischen Mädchen haben keine Wirkung auf mich."

Vishnu antwortete: Oh, das ist wunderbar! Es freut mich sehr, das zu hören, Narada. Ich wusste, dass du großartig warst; jetzt weiß ich, dass du vollkommen bist! Komm mit auf einen Spaziergang."

Sie machten sich auf den Weg und legten eine Strecke zurück. Dann führte Vishnu Narada in eine Wüste. Es war sehr heiß. Vishnu sagte: „Narada, ich bin so durstig! Kannst du mir ein Glas Wasser holen?"

Narada antworte: „Oh ja, Bhagavan, erlaube mir, mich nach Wasser umzusehen." So verließ er den Herrn - d.h. Vishnu - und ging auf die Suche. Nach ungefähr einer Meile entdeckte er ein Dorf und ging hinein. An einen Brunnen saß ein schönes Mädchen. Da sie Wasser hochzog, ging er auf sie zu und bat: „Ich hätte gern ein Glas Wasser für jemanden."

Sie antwortete: „Kein Problem. Komm zu mir nach Hause. Dort kann ich ein Glas bekommen und dir Wasser geben." So gingen sie zu dem Haus. Je mehr Narada das Mädchen betrachtete und mit ihr sprach, desto mehr gefiel sie ihm. Schließlich beschloss er, sie zu heiraten. Maya nahm ihren Anfang. Aufgrund seines Stolzes hatte sie eigentlich schon vorher begonnen. Er war ein wenig stolz darauf, seine Gefühle unter Kontrolle bekommen zu haben. Er befand sich nun im Haus des Mädchens und bat den Vater um ihre Hand.

Der Vater willigte gern ein. So fand die Hochzeit statt. Später wurde Narada ins Geschäftsleben hineingezogen und machte im Dorf ein kleines Geschäft auf. Er bekam drei oder vier Kinder. Auf diese Weise vergingen sieben oder acht Jahre.

Eines Tages trat ein starker Sturm auf und der Fluss in der Nähe des Dorfes trat über die Ufer und stieg immer weiter, bis er auch Naradas Haus unter Wasser setzte. Er kletterte mit seiner Frau und den Kindern auf das Dach, aber das Wasser stieg noch weiter. Sie machten sich alle große Sorgen. Ein Kind nach dem anderen wurde fortgespült und schließlich auch seine Frau. Narada fühlte sich miserabel. Als der Fluss auch ihn fortriss, schrie er: „Vishnu, Narayana, rette mich!" Er schrie aus voller Lunge. Bis dahin hatte er nicht einmal an Vishnu bzw. Narayana gedacht. Sobald er auf diese Weise rief, ging das Wasser zurück und das Dorf verschwand; er stand direkt neben Vishnu.

Vishnu sah ihn an und fragte: „Narada, wo ist mein Glas Wasser?" Acht Jahre waren mit all den Verwicklungen Mayas vergangen. So also wirkt Maya. Auch unser Weg begann bei Gott. Und irgendwie endete es in Maya. Wir versinken tief darin und irgendwann rufen wir nach Gott. Es geschieht etwas in diesem Traum der Täuschung. Wir stoßen auf ein Loch oder es geht etwas schief und wir wollen diesen Schlaf nicht länger fortsetzen. Dann rufen wir nach Gott. Damit hat das Ende des Traumes begonnen. Wir treten dann den Rückweg zu Gott an.

Es ist möglich, zu Gott zurückzukehren; gewöhnlich geschieht das durch den Umgang mit einem Mahatma. Uns allein kann dies nicht gelingen. Wir benötigen den Segen eines Heiligen oder die Gesellschaft von jemandem wie Amma; es besteht auch die Möglichkeit, den notwendigen Segen von einem Heiligen zu erhalten, der nicht körperlich anwesend ist, d.h. der den Körper verlassen hat. Vielleicht lesen wir ein heiliges Buch, das wir möglicherweise schon viele Male gelesen haben, aber dieses Mal hat es eine tiefe Bedeutung für uns und unser Leben nimmt eine völlige Wende. Wir sind nun bereit, ein spirituelles Leben zu führen.

Die Geschichte von Ganesh, dem Händler und dem Bettler

Mir fällt eine andere Geschichte ein. Ich glaube, es ist eine wahre Geschichte, aber da ich nicht dabei war, kann ich es nicht garantieren. Ich kann nur wiedergeben, was man mir erzählt. Einige Reisende besuchten verschiedene Touristenorte. Am Rand einer Stadt, in die sie kamen, gab es einen Wald. Sie gingen hinein, da sie meinten, es müsse dort einen Tempel oder eine andere schöne Stätte geben. Als sie tief in den Wald hineingegangen waren, sahen sie einen Sannyasi unter einem Baum sitzen. Sie sprachen ihn an: „Swamiji, wir sind Touristen. Kennst du einen schönen Ort hier in der Nähe?"

Der Swami antwortete: „Nun, wenn ihr noch ein paar Meilen weitergeht, kommt ihr in ein Dorf. Dort steht ein wunderschöner Ganesh-Tempel. Es handelt sich nicht um einen gewöhnlichen Ganesh, ein Bildnis aus Stein, sondern ein Lebewesen."

Sie entgegneten: „Oh Swamiji, das ist doch Unsinn. Wie kannst du so etwas sagen?" Der Swami antwortete: „Ich weiß, das es stimmt. Ich erzähle euch eine Geschichte, die sich dort zugetragen hat. In diesem Ort verehrten zwei Personen Ganesh sehr tief. Eine von ihnen war ein wohlhabender Händler und der andere ein blinder Bettler, der den ganzen Tag lang vor dem Tempel saß und in der Hoffnung auf einige Münzen von Tempelbesuchern ein kleines Tuch auslegte. Der reiche Händler ging jeden Morgen in den Tempel und betete: „Oh Ganesh, bitte gib mir heute bei meinen Geschäften hunderttausend Rupien." Am Abend kam er zurück, um Ganesh zu danken, denn meistens war er sehr erfolgreich bei seinen Geschäften.

Eines Tages hatte der Bettler nichts zu essen, da er kein Geld hatte. Nichts! Er und seine Familie mussten hungern. Weinend ging er in den Tempel und fragte: „Ganesh, wie kannst du dein Kind so hungern lassen? Meine Familie und ich hatten gestern nichts zu essen, da wir kein Geld haben. Warum sind wir dir so gleichgültig. Warum bist du so grausam?"

Weinend verließ er den Tempel. Zur selben Zeit kam der Händler in den Tempel und er hörte innen zwei Stimmen – eine männliche und eine weibliche. Die Frau sagte zu dem Mann: 'Mein Sohn, warum behandelst du deinen Verehrer so gleichgültig? Warum kannst du ihm nicht etwas Gnade zukommen lassen? Er hat so viele Jahre hier gesessen.' Die männliche Stimme antwortete: 'Du hast ganz recht, Mutter. Bis morgen Nachmittag mache ich ihn zum Millionär.' Wer war die Frau? Es war Ganeshas Mutter, Parvati Devi.

Der Arme hörte die Worte nicht, der Händler verstand jedoch alles. Ihm war klar, was vor sich ging. Er war sehr klug, aber auch recht gerissen. Er verneigte sich vor Ganesh (*namaskar*), verließ den Tempel, ging zu dem Armen hinüber und sagte: 'Ich gebe dir hundert Rupien unter einer Bedingung: Alle Betteleinnahmen von morgen gibst du mir.'

Der Bettler wusste, dass er nicht mehr als ein paar Pfennige, ein paar Paisas, bekommen würde. So sagte er: 'Das ist ein gutes Geschäft. Du kannst gern haben, was ich morgen einnehme. Ich akzeptiere die hundert Rupien.' Er nahm das Geld und kaufte Nahrungsmittel für seine Familie und war hoch erfreut.

Der Händler konnte vor Aufregung die folgende Nacht nicht schlafen. Er erwartete, am nächsten Tag mindestens eine Million Rupien zu bekommen. Am nächsten Morgen erschien er um elf Uhr und hielt sich um den Tempel herum auf und schaute – aber nichts, nicht einmal ein Pfennig wurde in die Bettelschale gelegt. Er wartete bis zum Nachmittag, nichts geschah. Er war frustriert. Er ging in den Tempel und begann, Ganesh anzuschreien: 'Was für ein Gott bist du? Ich habe meine hundert Rupien verloren, weil ich dir geglaubt habe!' Er beschimpfte Ganesh und ging.

Dann fühlte er plötzlich, wie sich etwas um seinen Hals schlang. Er schaute. Es war ein Elefantenrüssel, der ihn drückte und auf die Wand zuschob. Dann sagte eine Stimme: 'Du Schuft. Ruf jetzt lieber nach deinem Buchhalter. Sag ihm, er soll herkommen.' So schrie der Mann nach ihm und schließlich gelangte die Nachricht irgendwie zum Buchhalter, der dann angerannt kam. Die Stimme befahl: 'Jetzt sag ihm, dem armen Bettler eine Million Rupien zu geben.'"

Konntet ihr der Geschichte folgen? Also gab er dem Bettler die Million. Durch diese Begegnung mit Ganesh änderte sich die Einstellung des reichen Mannes völlig. Als er an diesem Abend heimkehrte, vermachte er seiner Familie die Hälfte seines Besitzes, die andere Hälfte verteilte er unter all die Armen, die er kannte. Er ging fort, setzte sich unter einen Baum und fing mit spirituellen Praktiken an. Da er sich Gott hingab, erreichte er inneren Frieden."

Nachdem die Touristen diese Geschichte gehört hatten, wandten sie ein: „Swamiji, es ist zwar eine schöne Geschichte, aber wie sollen wir glauben, dass sie wirklich geschehen ist, dass ein Stein-Ganesh lebendig wird und jemanden am Nakken packt, all diese Dinge tut und sogar spricht?" Dann fragten sie ihn: „Hast du diese Person gesehen? Kannst du uns einen Beweis liefern? Kennst du jemanden, der den Vorgang gesehen hat?"

Dann sagte der Swami mit einem ruhigen Gesichtsausdruck – er sah immer ruhig aus, da er inneren Frieden gefunden hatte: „Ich war der Händler."

Weitere Verse von Bhartrihari

Man könnte sagen, durch Berührung mit Gott wurde ein Mensch verwandelt. Auch durch die Begegnung mit Amma haben sich viele verändert - sie begannen, ein spirituelles Leben zu führen. Was macht ein Mensch, wenn sich seine Orientierung geändert und er beschlossen hat, sich an ewige Werte zu halten, wenn er erkannt hat, dass die Welt vergänglich und nichts von langem Bestand ist – wie wir in den ersten siebzig oder fünfundsiebzig Versen lesen – dass alles, dem wir in der Welt einen Wert beimessen – unser Körper, unser Vermögen, alles – vor unseren Augen einfach vergeht, einschließlich uns selbst, dass die sogenannte tiefe Zuneigung und Verbundenheit, die alle gegenseitig zu empfinden scheinen, sich ebenfalls jeden Moment in Luft auflösen kann? An diesem Punkt sind wir letzte Woche mit dem *Vairagya Satakam* stehen geblieben. Nachdem Bhartrihari die Natur von Maya, dem weltlichen Leben, enthüllt und uns aufgerüttelt hat, fährt er fort:

„Wenn die Ehre verblasst, der Reichtum dahin ist, diejenigen, die nach Gefälligkeiten trachten, enttäuscht gegangen, nur wenige Freunde geblieben und die Gefolgsmänner fort sind, die Jugend allmählich dem Alter gewichen ist, dann bleibt dem einsichtigen Menschen nur eines: sich in einen Hain am Hang eines Himalaja-Tales zurückzuziehen, wo die Felsen von den Wassern des Ganges gereinigt wurden."

Haben wir einmal das Stadium erreicht, in dem alle Täuschungen oder Illusionen der Welt von uns gewichen sind, wenn wir erkennen, dass es in der Welt nichts Lohnendes gibt – was dann? Bhartrihari ging für spirituelle Übungen an das Gangesufer im Himalaya, um Gott zu verwirklichen. Deshalb gibt er uns den gleichen Rat.

„Wunderschön sind die Strahlen des Mondes, die Grasflächen am Waldesrand, der Genuss der Gesellschaft eines Weisen, die Erzählungen der poetischen Literatur, das tränenüberströmte Gesicht der Geliebten. Alles hat seinen Zauber – jedoch nicht, wenn der Geist im Griff von vergänglichen Dingen ist."

Alles ist so schön – das grüne Gras auf den Hügeln, wunderbare Poesie, die Gesellschaft guter Menschen, die Strahlen des Mondes, das Gesicht der Geliebten. Doch sobald wir wirklichen Verzicht (vairagya) üben und merken, dass alles vergänglich ist, schwindet die Schönheit vor unseren Augen dahin und nichts ist mehr so wunderbar wie es schien.

„Vom Herzen sind die Verlangen gewichen und vom Körper die Jugend. Die Tugenden haben sich als leer erwiesen, da sie nicht die entsprechende Anerkennung fanden. Der machtvolle alles-dahinraffende, unnachgiebige Tod eilt heran. Was ist zu tun? Ich sehe keinen anderen Ausweg, als die Füße Shivas, der Cupido vernichtet hat."

Wer ist der Zerstörer von Cupido? Shiva. Es heißt, dass Cupido (*kama*), der Gott der Liebe, zu Asche verbrannt wurde, als Shiva sein drittes Auge öffnete. Das bedeutet natürlich, dass *kama* oder das sexuelle Verlangen erst völlig zerstört wird, wenn sich unser drittes Auge öffnet und die Vision des Selbst oder der Gottverwirklichung in uns aufsteigt. Dies ist nur in einem Zustand der Gottverwirklichung möglich. So sagt Bhartrihari, dass in dieser schnelllebigen Maya die einzige Hoffnung, über den Tod hinaus zu gelangen, der Herr (Shiva) sei.

„Irgendwo an den Ufern des himmlischen Ganges, auf dem sich das helle, weiße Mondlicht spiegelt, sitzt man in innerem Frieden versunken in der tiefen Stille der Nacht und aus Furcht vor den Leiden, die Geburt und Tod mit sich bringen, erschallt der Ruf nach Shiva.

Ach, wann wird sich die von reichlich Freudenträ-
nen begleitete Ekstase einstellen?

Wann werden wir soweit sein, um im Mondlicht am
Gangesufer zu sitzen und aus Furcht vor den Leiden, die Geburt und Tod mit sich bringen zu Gott rufen? Wann werden
wir die Seligkeit der Gottverwirklichung erreichen, bei denen
Tränen der Ekstase an unseren Wangen hinunterrollen?

„Wann werden wir allen Besitz aus mitfühlendem
Herzen fortgeben, an den Lauf des Schicksals den-
ken, dass in dieser Welt solch ein jämmerliches Ende
nimmt und über Shivas Füße als die einzige Zuflucht
für uns meditieren? Oh, dann verbringen wir die Näch-
te in den heiligen Wäldern, die in das herbstliche
Vollmondlicht getaucht sind."

Was ist das jämmerliche Ende unseres Schicksals? Der Tod.

„Wann verbringe ich meine im Nu verstreichenden
Tage nur mit einem Tuch bekleidet an den Ganges-
ufern von Varanasi, und rufe mit zur Stirn erhobe-
nen, gefalteten Händen aus: Oh Gaurinatha, Herr
Gauris; Tripurahara, Bezwinger Tripuras (der drei Städ-
te); Shambho, Gebender aller guten Gabe; Trinayana,
Dreiäugiger, habe Erbarmen mit mir!"

Wann wird der Tag kommen, an dem ich an den
Gangesufern von Kashi leben kann und zum Herrn rufe?

„Diejenigen, die nur von ihren Händen essen kön-
nen..."

Das heißt, diejenigen, die nicht einmal eine Bettelschale besitzen. Manche Entsagende haben nur ihre Hände zum Betteln, wenn sie zu einem Haus gehen.

„Wer nur seine Hand zum Essen hat, wer zufrieden mit erbettelter Nahrung ist, wem jedes Nachtlager recht ist, wer weder Haus noch Bett benötigt und sogar noch vor der Aufgabe des Körpers die ununterbrochene höchste Glückseligkeit erfährt, für diese Yogis war der Weg durch Shivas Gnade in der Tat leicht zugänglich."

Gemeint ist der Pfad der Befreiung (*moksha*).

„Oh Mutter Lakshmi, Göttin des Reichtums, diene den Anderen. Rechne nicht mit mir. Diejenigen, die nach Freuden trachten, gehören zu dir; was kannst du denen bedeuten, die frei von Begierden sind?"

Mit Ausnahme der Entsagenden beten alle in der Welt zu Lakshmi. Auf die eine oder andere Weise, direkt oder indirekt, tun alle, was immer ihnen möglich ist, um Lakshmi zu bekommen, d.h. Reichtum, Wohlergehen, Freude und Vergnügungen. Sannyasis liegt daran jedoch nichts; sie wollen mehr als weltliche Freuden. Sie wünschen die Seligkeit der Gottverwirklichung. Deshalb bleibe mir fern, Lakshmi, gehe zu denen, die dich wollen.

„Diese Erde ist sein Bett, die Arme sein Kissen, der Himmel sein Dach. Der Wind ist sein Fächer, der Mond seine Lampe. In Gesellschaft der Entsagung als seiner Frau, legt sich der Weise freudig und voller Frie-

den wie ein König uneingeschränkter Herrlichkeit
nieder."

Welch ein wunderbares Gleichnis! Für einen Mahatma
ist Mutter Natur alles: Der Wind ist sein Fächer, der Mond
seine Lampe. Losgelöstheit und Entsagung sind seine Frau.
Und er legt sich hin wie ein König in großer Herrlichkeit.

*„Werden die glücklichen Tage kommen, an denen ich
in Lotusstellung auf einem Stein am Gangesufer im
Himalaja sitzend als Ergebnis regelmäßiger Meditation über Brahman in Samadhi eingehe und selbst die
Antilopen furchtlos ihre Glieder gegen meinen Körper reiben?"*

Werden je die Tage kommen, an denen ich in *samadhi* im
Himalaja sitze und so tief in Gott eintauche, dass mich selbst
die Antilopen mit einem Baum verwechseln und sich an mir
reiben?
Und nun zum letzten Vers:

*„Oh Mutter Erde, oh Vater Wind, oh Bruder Him-
mel; oh Feuer, mein Freund; oh Wasser, mein Verwandter, ich grüße euch zum letzten Mal mit gefalteten Händen. Da ich die wunderbare Kraft Mayas ab-
gestreift habe durch eine Fülle an reinem Wissen, das
mit Verdiensten leuchtet, die ich durch meine Ge-
meinschaft mit euch allen gewonnen habe, gehe ich
nun in die höchste Wirklichkeit – Brahman – ein."*

Om Namah Shivaya

Bhajansingen als Sadhana

„Während der Abenddämmerung ist die Atmosphäre voller unreiner Schwingungen. In dieser Zeit treffen Tag und Nacht zusammen, und für Gottsucher ist es die beste Zeit zur Meditation, da gute Konzentration möglich ist."

Was bedeutet Ammas Aussage, dass die Atmosphäre zur Zeit der Abenddämmerung unrein ist? Zu dieser Zeit geht die Sonne unter und anschließend gibt es viele negative Vorgänge, die sich störend auf den Geist des *sadhaks* auswirken. Zum Beispiel findet die ganze Palette von Diebstählen, Übeltaten, Untergrundaktivitäten und Ähnlichem normalerweise nur nachts statt und zwar in beachtlichem Umfang. Wenn wir selbst nichts Übles tun, heißt dies nicht, dass es nicht geschieht. Es gibt viele Menschen, die im Dunkel der Nacht stehlen und andere Übeltaten begehen.

Ein weiterer Punkt ist, dass mit Einbruch der Nacht das Verlangen nach Vergnügen und Freuden ansteigt. Am Tag haben alle gearbeitet; am Abend wollen sie sich amüsieren.

Diese Schwingungen sind dann in der Atmosphäre und machen es schwieriger zu meditieren. Daher sagt Amma, dass zu dieser Zeit die Atmosphäre nicht rein ist. Und wie wir schon an dem Tag gesagt haben, als wir die Sprüche erörterten – die Erde ist nicht nur ein Klumpen aus Sand und Wasser, sondern ein Lebewesen, ebenso wie wir nicht nur der physische Körper sind. Er ist nur der grobstofflichste Aspekt unseres Seins. Wir haben Lebenskraft, Gemüt und eine Seele, die das wahre „Ich" ist. Man könnte sagen, sie ist der innere Kern unseres Seins. Der Körper ist nur der physische Teil des Selbst. In gleicher Weise ist das, was wir als Erde bezeichnen, die materielle Hülle von Mutter Erde oder Bhudevi – wie sie in den Schriften genannt wird. Wie wir verfügt sie über Lebenskraft, Intelligenz und Seele. Die Seele hat nicht eine bestimmte Größe oder Form. Deshalb ist Mutter Erde weder größer noch kleiner als wir. Vielleicht könnte man die Seele einfach als Punkt bezeichnen.

So wie sich während des Tages in unserem Körper Änderungen vollziehen, so geschieht das auch bei Mutter Erde. Stellen wir uns nur einmal vor, wir wären eine Mikrobe in unserem Körper. Wir wissen, dass wir nicht die Einzigen sind. Denkt einmal darüber nach.

Oder nehmen wir einmal an, der Körper ist nicht gesund; er wird von vielen Krankheiten befallen. Die Erreger, die schon vorhanden sind, werden stärker, die Lebenskraft wird schwächer, der Körper erkrankt dann und stirbt. Gehen wir einmal davon aus, eine Mikrobe in dem Körper einer Person zu sein, die sich gerade umdreht. Dir kommt dann vielleicht der Gedanke: „Oh ein weiteres Erdbeben!" Oder der Betreffende schnarcht und du magst denken: „Oh nein, ein Vulkan bricht aus!" Auch wir sind äußerst kleine, sehr winzige Wesen auf dem Körper von Mutter Erde. Man könnte sagen, sie habe ihre Launen, ihre Tageszeiten. Manche Leute z.B. wachen am Morgen erfrischt auf und können dann meditieren oder andere Aufgaben erledigen. Anderen wiederum fällt das morgendliche Aufstehen sehr schwer. Sie fühlen sich schlecht. Alles ist langsam und ungesund. Manche sind Nachtmenschen und sprühen in der Nacht vor Leben. Andere hingegen können sich nach dem Abendessen nicht mehr wach halten. Unser Körper hat also seine Zyklen. Das gleiche gilt für Bhudevi. Abgesehen von der kleinen Größenordnung an Schwingungen, die wir auf dieser Erde erzeugen - diese winzigen Energiepunkte mit all den Gedanken – sendet Bhudevi zu verschiedenen Zeiten und auf unterschiedliche Weise Energie aus.

Die Übergangszeiten am Abend und Morgen gelten für einen Sadhak - für jemanden der sich um geistige Kontrolle bemüht - als ungünstige Zeiten. Ein Sadhak muss sehr ökonomisch mit seiner Zeit umgehen - wie im Geschäftsleben. Ein Geschäftsmann beachtet immer die Spitzenzeiten, zu denen die meisten Passanten am Geschäft vorbeigehen. Er sorgt dann dafür, dass alles gut sichtbar ausgestellt und ansprechend angeordnet ist, so dass er maximalen Nutzen aus diesen Stunden zieht. Die Zeit davor und danach kaufen die Leute ebenfalls, aber zur Spitzenzeit verkauft er am meisten.

Ebenso sollte der Sadhak darauf achten, wann die günstigsten Zeiten für seine spirituellen Übungen sind. Das bedeutet nicht, dass wir zu anderen Zeiten keine ausführen sollten, sondern dass sie zu den optimalen Zeiten den meisten Nutzen bringen. Amma sagt, dass die Abenddämmerung die beste Zeit sei, obwohl die Atmosphäre dann unrein ist und die weltlichen Schwingungen zunehmen. Es gibt dann ein zusätzliches Element in der Atmosphäre und jeder, der einige Jahre lang Sadhana ausgeführt hat, kann es fühlen. Direkt vor Sonnenauf- und nach Sonnenuntergang wird der Geist ruhiger.

Amma sagt dazu:

„Ohne Sadhana zu dieser Zeit kommen verstärkt weltliche Gedanken. Deshalb sollten während der Abenddämmerung die Bhajans laut gesungen werden. Dadurch wird die Atmosphäre gereinigt."

Amma hat außerdem gesagt, dass zu dieser Zeit die *kundalini shakti*, die Lebenskraft in uns und in Mutter Natur an Kraft zunimmt. Was in uns vorhanden ist, kommt dann an die Oberfläche. Ist Spiritualität die dominante Kraft in uns, so erfährt sie dann Stärkung. Unsere Neigungen zu meditieren, an Gott zu denken, zu Gott zu beten, Bhajans zu singen nehmen zu. Wir fühlen uns intuitiv dazu hingezogen. Weltliche Menschen ohne spirituelle Veranlagung verspüren eine Aktivierung ihrer Weltlichkeit. Das Verlangen nach weltlichen Beschäftigungen, Vergnügungen, Freuden und Schlaf steigt bei Sonnenuntergang sehr an.

Amma rät zur optimalen Nutzung dieser Zeit, da die Gefahr besteht, dass unsere weltlichen Tendenzen, die schlechten Neigungen dann an Kraft gewinnen. Wir sollten diese Zeit so gut wie möglich verwenden und gegen die negativen Kräfte angehen. Die meisten von uns sind sich dieser Vorgänge nicht einmal bewusst. Wir stehen am Morgen auf, verrichten unsere Morgentoilette, frühstücken, gehen zur Arbeit, kehren heim, tun, was dann ansteht und legen uns schlafen. So verläuft das Leben der meisten. Bei Sadhaks verhält es sich jedoch anders. Sie müssen allem gegenüber sehr wachsam sein – gegenüber den inneren und äußeren Vorgängen. Ammas Worte sind für diejenigen gedacht, die Wachsamkeit lernen und darauf achten wollen, alles optimal für ihren spirituellen Fortschritt zu nutzen.

Mutter Natur hat drei Aspekte. Einer ist *sattva*, das bedeutet Ruhe, heitere Gelassenheit, Klarheit, Stille. Denkt dabei an ein sehr ruhiges Gewässer oder dass ihr oben auf einem Berg steht und in die Weite zu blickt. Wie fühlt man sich dann innerlich? Es handelt sich um den sattvischen Gemütszustand. Der zweite Aspekt ist *rajas* und bedeutet Aktivität, Ruhelosigkeit und Ehrgeiz. Rajas steht also für Hitze und Tätigkeit. Die zugeordnete Farbe ist rot, die sattvische ist weiß. Dann kommt noch *tamas*: Trägheit, Schwerfälligkeit, trübe, fehlerhaft, Irrtum, Schlaf, Faulheit, Gleichgültigkeit, Sturheit, an etwas festhalten, obwohl es nicht gut, bzw. falsch ist. Schwarz ist die zugeordnete Farbe, die mit Trägheit in Verbindung steht.

Das Singen von Bhajans ist eine rajasische Form von Sadhana, weil viel Aktivität vorhanden ist. Alles kommt dabei zum Einsatz – Körper, Fühlen und Denken. Man schaltet dabei nicht im Bemühen, sich nach innen dem Ursprung zuzuwenden von allem ab, sondern man setzt alles ein und konzentriert dies auf einen Punkt.

Weil beim Bhajansingen so viel Aktivität vorhanden ist, zählt es nicht zu den sattvischen Übungen. Nach Ammas Aussage ist es die Sadhanaform, die nötig ist, um den negativen Einflüssen der Abendzeit entgegen zu wirken. Es kann manchmal gut sein, Feuer mit Feuer zu bekämpfen; dies ist ein Beispiel dafür.

„Kinder, da die Atmosphäre im Kali-Yuga voller Geräusche ist, können wir mit Bhajansingen tiefere Konzentration erlangen, als mit Meditation."

Als wir zu Beginn unseres Satsangs vor fünf Minuten meditierten, kam mir dieser Ausspruch Ammas in den Sinn, als mir die Vielfalt an Geräuschen auffiel: Ein Flugzeug flog vorbei; irgendwo schrie ein kleines Kind; eine Kuh muhte; am anderen Ende des Gebäudes öffnete und schloss jemand eine Tür. So viele Geräusche! Die Vögel zwitscherten. Es lässt sich nicht vermeiden. Für Menschen, deren Geist nicht stark und konzentriert ist, wird jedes kleine Geräusch zu einer Störung, wenn sie sich bemühen zu meditieren. Deshalb meint Amma, dass es nicht notwendig ist, gegen den Lärm des Kali-Zeitalters anzukämpfen, sondern ihn durch Bhajansingen zu übertönen.

Mir fällt ein recht lustiger Vorfall in Amritapuri ein. Es ist schon längere Zeit her. Wir saßen eines Abends alle zusammen, als die Nachbarn in nur zehn bis fünfzehn Metern Entfernung anfingen zu streiten. Streit ist noch untertrieben. Es war ein Krieg! Sie schrieen, grölten, warfen mit Gegenständen; wir konnten es kaum glauben. Niemals habe ich Leute auf diese Weise streiten hören; es war wirklich ein Kampf mit allen Mitteln. Und gleichzeitig kamen viele Menschen zu Amma zum Darshan. Wisst ihr, um was sie uns bat? Wir hatten eine Art Lautsprecheranlage – nicht gerade sehr 'high tech'. Genauer gesagt eine recht mäßige Anlage. Sie forderte uns auf, sie auf volle Lautstärke zu stellen. So legten wir eine Kassette mit Bhajans ein und drehten so voll auf, dass man die Bhajans selbst nicht mehr verstehen konnte - so verzerrt waren die Töne! Aber wenigstens konnten wir nicht mehr hören, was im Nachbarhaus ablief. Wir hörten nichts als Lärm!

Das Lesen dieses Spruchs erinnert mich an Ammas Grundprinzip. Vermutlich dachte sie damals daran und forderte uns deshalb auf, auf diese Weise vorzugehen. Wir können also Lärm ausschalten, indem wir noch mehr Geräusche machen. Aus diesem Grund singen wir (laute) Bhajans. Vermutlich ist niemand von uns auf diese Idee gekommen, weil das für uns nicht der Beweggrund zum Singen ist, trotzdem jedoch ein Argument dafür. Versuchen wir zu meditieren, wird der Geist durch jedes kleine Geräusch abgelenkt. Beim Bhajansingen spielen die Außengeräusche im Hinblick auf Konzentration oder Ablenkung keine Rolle. Wir singen Bhajans, weil wir unser Herz eingeben können. Unser Herz öffnet sich und wir können uns besser konzentrieren als bei allen anderen Anlässen in unserem Leben. Deshalb ist diese Form von Sadhana so effektiv.

„Zum Meditieren ist eine ruhige Umgebung notwendig. Aus diesem Grund lässt sich durch Bhajansingen leichter Konzentration erreichen. Durch lautes Singen kann man ablenkende Geräusche ausschalten und Konzentration gewinnen. Konzentration ermöglicht, in Meditation einzutauchen. Die Reihenfolge ist: Bhajan, Konzentration, Meditation. Kinder, ständiges Denken an Gott ist Meditation."

Am Anfang des Spruchs sagt Amma, dass es im Kali-Yuga so viele Geräusche gibt.

Was bedeutet das *Kali Yuga*, vom dem Amma hier spricht? Im traditionellen Sinn ist das Kali-Yuga ein Zeitabschnitt; es entspricht dem Eisenzeitalter. Es gibt verschiedene Zeitalter: das goldene, silberne, kupferne usw. Das Kali-Yuga ist die Periode des Materialismus, der dann für lange Zeit die Oberhand hat. Mir kam der Gedanke, einen Abschnitt mit dem Thema Kali-Yuga vorzulesen, der viele Jahrtausende vor dessen Beginn von einem Weisen verfasst wurde, der die zukünftigen Ereignisse beschrieb.

Zur damaligen Zeit herrschten völlig andere Zustände. Die Menschen hielten sich an Rechtschaffenheit *(dharma)*. Sie führten ein traditionsgemäßes Leben. Ihr Ideal bestand aus Dharma, Pflichterfüllung, Streben nach der Vision Gottes und dem Bemühen, ständig Gutes zu tun. Das Leben war wohl geordnet. Daher ist es erstaunlich, wie genau dieser Mahatma die Umstände des Kali-Yugas beschreiben konnte. Er spricht über aufeinanderfolgende Zeitabschnitte und über den Beginn des Kali-Yugas sagt er:

„Mit Einsetzen des Kali-Yugas werden Rechtschaffenheit, Reinheit von Körper und Geist, Vergebung, Mitgefühl, Lebenslänge, körperliche Kraft, das Erinnerungsvermögen Tag für Tag durch die Kraft der allmächtigen Zeit abnehmen. Reichtum allein wird das Kriterium für Herkunft sein und als Maßstab für Moral und Verdienst gelten, Macht das ausschlaggebende Kriterium für Recht sein und bei der Wahl des Lebenspartners persönliche Sympathien. Gaunereien und Tricks bestimmen das Geschäftsleben.

Die Gerechtigkeit bei der Rechtssprechung ist gefährdet aufgrund des Unvermögens diejenigen zufrieden zu stellen, die sie in ihren Händen haben. Mangel an Reichtum wird die einzige Prüfung für Gottlosigkeit sein und Doppelzüngigkeit der einzige Prüfstein für Güte. Langes Haar wird das einzige Zeichen der Schönheit sein, den Magen zu füllen, der einzige Lebenszweck. Die Fähigkeiten werden darauf ausgerichtet sein, die Familie zu ernähren. Die einzige Absicht hinter tugendhaften Taten wird der Wunsch nach

Ruhm sein. Wenn dann in dieser Weise die Welt von üblen Menschen überrannt wird, erhält die Herrschaft derjenige, der sich als der Mächtigste erweist.

Menschen, die ihren Besitz an gierige, unbarmherzige Herrscher verloren haben, die sich wie Räuber verhalten, ziehen sich in die Berge und in die Wälder zurück und leben von Blättern, Wurzeln, Honig, Früchten und Blumen. Schon belastet von Hungersnot und Steuern, werden die Menschen durch Dürre, Kälte, Sturm, Sonne, schwere Regengüsse, Schneefall und gegenseitige Konflikte dahingerafft. Im Kali-Zeitalter werden die Menschen von Hunger und Durst, von Leiden und Sorgen geplagt und ihre Lebenserwartung sinkt auf zwanzig bis dreißig Jahre herab."

Diese Aussage gilt natürlich nicht für unsere Zeit. Gesprochen wird von der Anfangszeit des Yugas bis zum Ende. Es wird immer schlimmer. Am Ende beträgt die Lebensspanne nur zwanzig bis dreißig Jahre.

"Wenn durch die üble Wirkung des Kalizeitalters die Körper der Menschen kleiner und verhärmt sind, der in den Veden vertretene Kurs der Rechtschaffenheit verloren geht, dann wird Religion durch Häresie (Gotteslästerung) ersetzt, die Herrscher erweisen sich zum großen Teil als Diebe. Wenn der Mensch sich zu Verhaltensweisen wie Diebstahl, mutwilliger Zerstörung von Leben usw. hinreißen lässt, dann werden Kühe zur Größe von Ziegen reduziert und geben auch nur die entsprechende Menge Milch. Das jährliche

Pflanzenwachstum verkümmert. Wolken enden meist in Blitzen und nicht in Regenschauern. Häuser wirken öde und einsam, da es an Gastfreundlichkeit gegenüber Fremden mangelt."

Diese Aussage ist sehr interessant. Habt ihr euch je in einem Haus bewegt, das vereinsamt wirkt, obwohl es bewohnt ist und ihr euch lieber nicht dort aufhalten würdet? Die obengenannten Aussagen stammen von Weisen. Der Grund ist die schlechte Schwingung, meistens von den dort wohnenden Menschen durch Geiz erzeugt. Sie bieten Menschen, die ihr Haus besuchen, keine Gastfreundschaft an. Sie möchten sie so schnell wie möglich loswerden, damit sie ihnen nichts anbieten müssen. Oder die Schwingung ist negativ von ständigem Streit im Haus. Obwohl wir die Ursache nicht kennen, fühlen wir die Wirkung. Ebenso ist der Frieden in der Wohnung spürbar, wenn die Bewohner regelmäßig Bhajans singen, meditieren und abendliche Satsangs abhalten.

"Wenn das Kali-Yuga, deren Verlauf die Menschen so hart mitnimmt, in dieser Weise dem Ende zugeht, wird Gott zum Schutz der Tugend erscheinen."

Es heißt, dass Vishnu sich gegen Ende des Kali-Yugas als Avatar inkarniert, wie schon zuvor als Krishna oder Rama. Es wird vorausgesagt, dass er in der Gestalt Kalkis erscheint, es dann aufwärts geht und das Goldene Zeitalter folgt. Das gegenwärtige Yuga ist von allen das kürzeste.

Wir haben einen anderen Zeitsinn als Gott. Seiner lässt sich mit (der Wirkung) der Zeit in Mutter Natur vergleichen. Wir pflanzen vielleicht ein Saatkorn und kommen eine Stunde später, um zu sehen, ob es sprießt. Das ist nicht Gottes

Zeitmaßstab. Gott kümmert sich um die Saat und bringt sie zum Keimen. Es kann Monate dauern oder auch ein ganzes Jahr. Es kann zwanzig Jahre dauern bis ein Früchte tragender Baum gewachsen ist. Für unser Zeitempfinden ist das Yuga-Zeit-System unermeßlich groß.

„Ohne Konzentration gesungene Bhajans sind Energieverschwendung, mit Konzentration bringt es Nutzen für den Sänger, die Zuhörer und die Natur. Die Lieder tragen dazu bei, mit der Zeit das geistige Leben in den Zuhörern zu wecken."

Wir sollten diesen Faktor nicht vergessen; es ist wichtig, da Bhajansingen ein integraler Bestandteil von Sadhana in Ammas Gegenwart ist – auch insgesamt in ihrem Leben und dem ihrer Anhänger. Wir sollten uns beim Singen bewusst auf irgendeinen Punkt konzentrieren, z.B. zwischen die Augenbrauen; wir können auch eine Form oder ein Gefühl, ein Licht usw. wählen. Wesentlich ist die Konzentration auf das Gewählte. Bemüht euch darum, mit dem ganzen Bewusstsein in den Punkt einzutauchen, der für uns das Höchste repräsentiert. Wer auf diese Weise singt oder wenn man sich von einem Bhajan berührt fühlt, ist es ein Zeichen, dass der Sänger sehr konzentriert ist. Ausschlaggebend ist nicht die Tonqualität oder die Stimme. Ist jemand fähig, mit Gesang andere spirituell zu wecken, so ist das auf den konzentrierten Geist zurückzuführen.

Akbar, der indische Kaiser und Tansen der Musiker

Zu diesem Thema gibt es eine nette Geschichte. Es lebte einmal ein großer Musiker mit Namen Tansen. Ich weiß nicht genau, wie lange es her ist, vier- oder fünfhundert Jahre? Auf jeden Fall war Akbar der indische Herrscher mit Sitz in Delhi und Tansen der Hofmusiker. Ihr habt bestimmt schon alle von ihm gehört, denn er war ein sehr bekannter König, kein Fanatiker, sondern sehr tolerant. Er war der Schirmherr aller Künste und Religionen. Tansens Musik war wunderschön. Nie zuvor hatte es einen so großen Musiker wie ihn gegeben. Deshalb gehörte er zu den Juwelen an Akbars Hof. Eines Tages kam ihm der Gedanke: „Wenn Tansen schon so großartig ist, wie muss dann erst sein Guru sein? Ich möchte den Guru singen hören."

Er sagte zu Tansen: „Ich möchte deinen Guru einmal singen hören. Was kann Tansen erwidern? Er steht im Dienst Akbars. So willigte er ein und sie machten sich auf den Weg nach Brindavan, das in der Nähe von Delhi liegt. Dort hielt sich der Guru auf. Brindavan ist ein heiliger Ort – wie Jerusalem ein heiliger Ort für den Westen ist. Brindavan zählt zu den heiligsten Plätzen in Indien. Krishna lebte dort viele Jahre. Es gibt dort Tausende von Ashrams. Sie suchten den Ashram von Tansens Gurus Haridas auf. Selbst heute kann man dort noch hingehen und sein Grab – seinen Samadhi – sehen, eine starke Gegenwart fühlen und den tiefen Frieden, der in der Umgebung herrscht.

Als sie sich dorthin begaben, hatte Akbar sich wie ein gewöhnlicher Mensch gekleidet. Der Swami saß in seinem Zimmer und sie gingen hinein, verneigten sich und nahmen Platz. Haridas blickte Akbar an und sagte: „Oh, der Kaiser ist gekommen." Aufgrund seiner höheren Erkenntnisfähigkeit wusste er sofort, wen er vor sich hatte. Akbar gab Tansen ständig Zeichen, den Guru zu bitten, ein Lied zu singen. Aber es gehört sich nicht, einen Mahatma darum zu bitten zu singen. Tansen war sehr intelligent. Was machte er? Er sang ein Lied, dass Haridas ihm beigebracht hatte, aber er machte einige Fehler. So sang Haridas es dann in der richtigen Weise, um ihm zu zeigen, wie man es richtig singt. Als Akbar seinen Gesang hörte, geriet er in Ekstase.

Anschließend verabschiedeten sich beide von Haridas und kehrten nach Delhi zurück. Akbar dachte ständig an die Glückseligkeit, die er bei dem Lied erlebt hatte. Am nächsten Tag ließ er Tansen rufen und sagte: „Tansen, ich kann die Seligkeit nicht vergessen, die mir das Lied gab." Tansen sang dasselbe Lied, aber Akbar saß mit unbewegtem Gesicht da. Am Ende sagte er: „Ich fühlte nichts. Woran liegt das? Es war dasselbe Lied." Tansen antwortete: „Maharaj, wenn ihr nicht ärgerlich auf mich werdet, sage ich euch den Grund." Er erklärte: „Mein Guru sang um Gott zu erfreuen; ich singe um euch zu erfreuen."

Es besteht ein großer Unterschied zwischen Gesang, der für Gott gedacht ist oder für die Zuhörer. Er mag sehr schön sein, aber man kann beides nicht miteinander vergleichen. Es besteht ein Unterschied wie zwischen Tag und Nacht.

Das Ziel sollte darin bestehen, uns so zu konzentrieren, dass wir in Gott eintauchen und alle um uns herum die Liebe und innere Einheit in ihrem Herzen fühlen.

Om Namah Shivaya

Satsang
im 'M.A.Center' 1994
Band 5,
Seite B

Ernährung und geistige Übungen (Sadhana)

Vor Ammas Tour haben wir in ihrem Büchlein „Für meine Kinder" gelesen und sind bis zum 166. der 300 Sprüche gekommen. Darin ging es um Egoismus. Jetzt steht das Thema Ernährung an.

„Ohne auf den Genuss der Zunge zu verzichten, kann man den Geschmack des Herzens nicht genießen."

Wie alles, was Amma sagt, so sind auch diese Worte sehr tiefgründig. Nahrung ist sicherlich ein sehr wesentlicher Faktor. Das Leben hängt davon ab. Werfen wir einen Blick auf das Tierreich, so sehen wir, dass die Tiere den größten Teil des Lebens mit Nahrungssuche verbringen und den Rest mit Schlaf. Die meisten Menschen verdienen Geld, um sich zu ernähren und sich darüber hinaus an einem Haus und anderen Dingen erfreuen zu können. Der Hauptzweck ist jedoch der Lebensunterhalt. Ein Großteil der Menschen verbringt Stunden mit Kochen und anschließendem Saubermachen. Ammas Gewichtung ist jedoch anders. Nahrung gilt als eine Manifestation Gottes. In den *Upanischaden* heißt es, dass Nahrung Brahman sei. Laut Amma nimmt Ernährung zwar

einen wichtigen Platz ein, Geschmack ist dabei jedoch zweit-
rangig. Die obengenannten Worte Ammas beziehen sich mehr
auf den Genuss als auf Nahrung.

Der Mensch ist mehr als der physische Körper, der Nahrung zum Überleben braucht. Er besteht aus fünf Hüllen, bzw.
Körpern, die auf Sanskrit *koshas* genannt werden. Gleich der
Zwiebel mit ihren Ringen um das Zentrum herum, wird der
Atman - das Selbst, das Sein, die Seele - von fünf Hüllen umgeben. Die Äußerste ist der durch Nahrung gebildete grobstoffliche Körper *(annamaya kosha)*. *Annam* bedeutet Nahrung. Dann kommt die Lebenskrafthülle *(pranamaya kosha)*,
anschließend der Bereich des Fühlens und Denkens
(manomaya kosha) mit anderen Worten, unserer mal stilles,
mal lärmendes Gemüt. Wir haben es mit dem Intellekt
(vijnanamaya kosha) zu tun, wenn wir über etwas nachdenken, Unterscheidungskraft einsetzen oder verstehen und ent-
scheiden. Beide zuvor genannte Hüllen haben mit dem Denken zu tun, aber bei der Letzteren ist das Verstehen ein wesentlicher Faktor. Und wenn uns unser Sinnesleben Glücks-
gefühle vermittelt, so entstehen diese nicht unmittelbar durch
die Sinne, sondern durch die Hülle der Seligkeit *(anandamaya
kosha)*. Durch Schlaf erfahren wir Frieden und Freude, so dass
man nicht erwachen möchte. Freut man sich über die Erfüllung eines Wunsches, so kommt diese Freude aus dieser Hülle
der Seligkeit.

Aber im Kern all dieser Hüllen befindet sich unser inner-
stes Sein, das Selbst, der Atman.

Das ist der wichtigste Teil. Wenn der Atman, die Seele,
den physischen Körper verlässt, bleibt dieser zurück. Die Lebenskraft und das Gemüt werden zur nächsten Inkarnation
mitgenommen. Das Wesentliche ist jedoch unser wahres
Selbst, der Atman, der in uns leuchtet. Dieses Selbst ist stets

vorhanden, auch wahrnehmbar, jedoch vermischt mit den fünf anderen Hüllen. Hört man eine Gruppe von Menschen, einen Chor, singen und kennt einen der Sänger, so kann man zwar die Stimme hören, jedoch nicht getrennt von den Anderen. Ebenso ist die Stimme des Selbst ständig in uns vorhanden, aber vermischt mit den anderen Hüllen. Laut Amma ist nicht der aus Nahrung entstandene Körper am wichtigsten, sondern das Selbst, der Atman. Aber da wir die meiste Zeit mit dem Sinnesleben beschäftigt sind, ist uns diese Wahrheit der unsterblichen Seligkeit nicht bewusst. Unsere Gedanken strömen ständig in die Außenwelt. Solange es nicht ein gewisses Maß an Rückzug vom Sinnesleben gibt, sind wir nicht imstande, unser wahres Selbst zu genießen, da wir völlig mit den äußeren Angelegenheiten beschäftigt sind.

Viele Menschen erreichen ein Stadium in ihrer spirituellen Entwicklung, wo sie nicht mehr mit der Außenwelt zufrieden sind. Dann beginnen sie, sich nach innen zu wenden. Und dann erleben sie durch Umgang mit einem Wesen wie Amma vielleicht etwas. Was erfahren sie, was berauscht sie so? Wenn sie sich aus Ammas Umarmung erheben, dann liegt dieser Ausdruck von Glückseligkeit auf ihrem Gesicht – was sonst nicht der Fall ist. Sie erleben also etwas während dieser Zeit. Sie haben einen Geschmack von etwas erhalten. Würde man zu diesem Zeitpunkt zu ihnen gehen und fragen: „He, kannst du mir sagen, was das ist?" schauen sie einen vielleicht nicht einmal an. Sie möchten sich nicht nach außen wenden. Obwohl sie sonst ständig in der Außenwelt leben, sind sie zu diesem Zeitpunkt ganz nach innen getaucht und genießen den Frieden und die Seligkeit, die ihnen Ammas Gegenwart vermittelt hat. Selbst bei einem guten Bhajan wird man nicht reagieren, wenn jemand einen anstubst und vorschlägt, wegzugehen um sich zu unterhalten. Warum? Da der Geist sich über physischen Körper, Lebenskraft, Gedanken und Verstand hinaus begibt und das Selbst berührt, sich der inneren Wirklichkeit nähert. Beginnt man dies zu erleben, dann empfindet man das Sinnesleben als eine Ablenkung. Laut Amma können wir durch Reduzierung der Sinnesreize erleben, was in uns ist. Sie gehen ganz von selbst durch das innere Erfahren und durch die Gnade oder Gegenwart eines Mahatmas zurück. Aber es ist ebenfalls anders herum durch ein gewisses Maß an Beherrschung der Sinne möglich.

Über das Körperbewusstsein hinaus nach innen gehen

„Ohne auf den Genuss der Zunge zu verzichten, kann man nicht den Geschmack des Herzens genießen."

Wenn wir ständig nach außen schauen, ist es unmöglich, die innere Seligkeit zu erleben. Amma sagt uns, dass die Glückseligkeit im Herzen entsteht. Damit ist nicht das physische Herz gemeint, sondern der Kern unseres Seins, wo sich der Atman befindet. Es gibt folgenden Spruch: Wo Rama ist, gibt es kein *kama* und wo *kama* ist, gibt es keinen Rama. Was ist damit gemeint? *Kama* bedeutet Verlangen oder weltliche Freude. Sind diese vorhanden, können wir nicht über die Gegenwart Gottes sprechen. Beides widerspricht sich. Spricht man über Gott oder erfährt man ihn, kann nicht zur selben Zeit weltliches Verlangen vorhanden sein.

„Es ist unmöglich, feste Aussagen darüber zu machen, was gegessen werden sollte und was nicht. Die Wirkung von Nahrung ist klimabedingt und damit ver-

änderlich. Nahrung, die in Kerala vermieden werden sollte, kann im Himalaja nützlich sein."

Nach Aussage von selbstverwirklichten Wesen wie Amma und den alten *rishis*, hat diese Welt einen doppelten Aspekt. Zweifellos gibt es eine physische Welt. Aber alles Körperliche hat auch eine feinstoffliche Ausstrahlung. In den letzten zwanzig, dreißig Jahren ist das Wort Ausstrahlung in Mode gekommen, daher ist es nichts Neues. Die alten Weisen nahmen vor Tausenden von Jahren wahr, dass alles Schwingungen ausstrahlt und auch empfängt – also nicht nur wie ein gewöhnliches Radio empfängt, sondern auch aussendet. Das gilt nicht nur für Menschen, sondern für alles - Orte, Nahrung, Menschen, Gedanken, Handlungen und Worte haben Schwingungen. Man könnte sagen, das ganze Universum sei ein riesiges Netzwerk von Schwingungen auf dem Urgrund eines schwingungsfreien Trägers, der Gott oder Brahman genannt wird.

Die Schwingungen lassen sich grundlegend in drei Kategorien (*gunas*) einteilen. Viele von euch haben vielleicht die *Bhagavad Gita* gelesen, in der sie sehr schön erklärt sind.

Um euch eine Vorstellung von diesen drei *gunas* oder Eigenschaften zu vermitteln, lese ich jetzt einige Verse aus der *Gita* vor. Es gibt *sattvaguna*, die Eigenschaft, die Frieden, Harmonie und Freude beinhaltet, dann *rajaguna*, was Aktivität, aber auch Störung bedeutet und als Drittes *tamoguna* mit den Eigenschaften Trägheit, Trübheit, Bequemlichkeit und Fehlerhaftigkeit.

Die Gunas bei den Handlungen der Menschen

Wir beginnen mit Handlungen, die von den verschiedenen Gunas gekennzeichnet sind.

„Eine Handlung ist sattvisch, wenn sie ohne Gebundenheit und frei von Zu- oder Abneigung von jemandem ausgeführt wird, der nicht nach den Früchten des Handelns trachtet." (Kap. 18, Vers 23)

Mit anderen Worten: Handlung ist sattvischer Art, wenn keine Gebundenheit an Resultate besteht und man dabei gelassen und ruhig ist.

„Eine Handlung hingegen, deren Motiv ein Verlangen nach Vergnügen ist oder die von einem Egoisten ausgeführt wird und viele Schwierigkeiten auslöst, gilt als rajasisch. Als tamasisch wird sie bezeichnet, wenn Unwissenheit und Irrtum dahinter stehen, dabei weder Folgen, noch Verlust, Verletzung oder Unfähigkeit beachtet werden." (18.24-25)

Dieser Vers bedeutet, dass wir tamasisch handeln, wenn unser Geist trübe ist, wir besagte Punkte außer Acht lassen und uns im Irrtum befinden.

„Ein Mensch wird als sattvisch bezeichnet, wenn er nicht aus Gebundenheit und Egoismus heraus handelt, sondern mit Entschlossenheit und Kraft, unberührt von Erfolg oder Misserfolg." (18.26)

*„Ein Mensch gilt als rajasisch, wenn er leidenschaft-
lich ist, nach den Früchten der Handlungen trachtet,
gierig, grausam und unrein ist, sowie dem Wechsel von
Kummer und Freude unterworfen."* (18.27)

Die meisten Menschen dieser Welt sind rajasisch, wenige
sattvisch, d.h. frei von Anhaftungen und Egoismus, sowie
gleichmütig sowohl gegenüber Erfolg als auch Misserfolg. Wie
viele von uns sind es? Wir streben dieses Ziel an. Je näher wir
der sattvischen Natur kommen, desto näher sind wir dem wahren Selbst, dem Atman.

*„Eine tamasische Person ist instabil, vulgär, unaufrich-
tig, boshaft, unverschämt, herablassend und verschiebt
anstehende Handlungen."* (18.28)

Das war die Beschreibung der verschiedenen Menschen-
typen. Wenn wir über die Gunas hören oder lesen, können
wir uns selbst betrachten und sehen, wo wir versagen. Niemand von uns ist rein sattvisch, rajasisch oder tamasisch, wir
sind eine Mischung. Sinn und Zweck des Lernens der genannten Eigenschaften besteht darin, sich um die Ausrottung der
zwei niederen Arten, der rajasischen und tamasischen Eigenschaften zu bemühen und rein sattvisch zu werden.

Laut Amma entspricht das sattvische Gemüt einem ruhigen See, auf dem sich das Sonnenlicht reflektiert oder auf dessen Grund man die Perle oder den Edelstein sehen kann, weil
er so klar ist. Das rajasische Naturell entspricht der von Wind
und Wellen gepeitschten Oberfläche, auf der man nichts als
gebrochene Bilder erblicken kann. Das rajasische Gemüt lässt

sich mit trübem, morastartigem Wasser vergleichen – man kann nichts sehen.

Die Bedeutung des Gemüts (Fühlen und Denken)

Wenn Amma von bestimmten Nahrungsmitteln abrät oder andere empfiehlt, meint sie damit nicht gesundheitliche Zu- oder Abträglichkeit. Darüber gibt es genügend Literatur – einen ganzen Geschäftszweig. Aber nicht jeder weiß, welche Nahrung spirituell empfehlenswert ist, damit wir sattvischer werden und was wir vermeiden sollten, weil dadurch Rajas oder Tamas bei uns zunehmen. Und genau genommen interessiert das auch nur spirituelle Aspiranten. Sie befassen sich mehr mit ihrem Geist als mit ihrem Körper. Ihnen ist die Vergänglichkeit des Körpers bewusst – er kann jeden Moment dahinscheiden. Es kann sein, dass wir durch die Tür hinausgehen und dies das letzte Mal war, dass uns jemand sah. Schon mit der Geburt werden wir in die Schlange eingereiht, die ein Ticket zum Abtreten hat. Wir kennen nur unsere Nummer nicht.

Heute haben wir einen Körper, morgen ist er verschwunden. Der Geist ist es, worauf es ankommt. Er ist wichtiger als der Körper, da wir ihn mit in die nächste Geburt nehmen. Ganz gleich, was für einen Körper wir erhalten, der menschliche Geist (Gemüt) ist der Gleiche. Je sattvischer er wird, desto mehr nähern wir uns der Wahrnehmung der Seele (Atman). Damit ist dann der Kreislauf von Geburt und Tod beendet. Es gleicht dem Erwachen von einem langen, schlechten Traum. Die Freude, nach der wir immer in dieser Welt suchen, finden wir, wenn wir unser wahres Selbst entdecken. Deshalb ist es so wichtig, unseren Geist zu reinigen, ihn sattvisch zu machen.

Deshalb rät uns Amma, dass wir in dieser Welt der Schwingungen möglichst nur sattvische Nahrung zu uns zu nehmen. Dann erhebt sich die Frage, was sattvische Nahrung ist. Darüber können wir ebenfalls in der Gita nachlesen. Nachfolgend die entsprechenden Verse:

„Die Nahrung, die den jeweiligen Personen lieb ist, lässt sich ebenfalls in drei Kategorien einteilen: Sattvische Menschen mögen gern lebendige Nahrung, die Kraft, Energie und Gesundheit verleiht, Freude und gute Laune stärkt, wohlschmeckend und ölhaltig ist. Rajasische Menschen bevorzugen bittere, salzige, sehr scharfe, pikante, trockene und brennende Nahrung, die Schmerzen, Kummer und Krankheit auslösen. Schale, geschmacklose, übel riechende, faulige und unreine Nahrung wird gern von tamasischen Leuten verzehrt." (17.7-10)

(Gelächter) Ja, Menschen sind verschieden und jeder hat seinen Geschmack. Das waren also die grundlegenden Nahrungs-Kategorien.

Amma hat zum Ausdruck gebracht, dass die Gunas mit dem Klima wechseln können. Tee ist z. B. in einem heißen Klima wie in Südindien rajasisch. Er wirkt stark anregend. In einem sehr kalten Klima wie Tibet ist es überlebensnotwendig, Tee zu trinken. Es gibt dort auch so gut wie kein Gemüse, nur Roggen. Daher isst man Fleisch, das normalerweise als tamasisch gilt. In Tibet ist Fleisch jedoch nicht tamasisch, sondern lebenswichtig, da es keine andere Alternative gibt.

Aufgrund solcher Betrachtung sagt Amma, dass es nicht definitiv möglich ist zu sagen, was gut und was schlecht ist, da dies mit dem Klima wechselt. Was hier gut ist, vermeidet man vielleicht woanders besser und umgekehrt. Allgemein gesehen, treffen die Kategorien jedoch zu. Wir sollten wissen, was sattvisch, rajasisch oder tamasisch ist, um uns an sattvische Nahrung zu halten; d.h., wenn uns spiritueller Fortschritt am Herzen liegt.

All diese Punkte, die Amma anspricht, sind an ernsthafte Leute gerichtet. Ihre Worte und die veröffentlichten Bücher sind für aufrichtige geistige Sucher und Aspiranten gedacht, nicht nur für jene, die ein paar spirituelle Versuche machen und für die es mehr oder weniger nur ein netter Spaß ist. Nein. Gemeint sind diejenigen, die das Gefühl haben: „Ich könnte jeden Tag sterben, aber habe mein Selbst nicht verwirklicht, das wahre Glück nicht erreicht. Worin besteht die Lösung? Ich werde alt und krank, der Tod naht. All das wird auch mir widerfahren, was für einen Ausweg gibt es?"

Kennt ihr die Geschichte Buddhas? Jeder kennt sie. Er glaubte zunächst, dass alles schön und gut sei, ein Fest bis zum letzten Tag – immer jung und gesund, ohne Probleme. Was geschah dann?

- Purna?

- Purna: Er sah Alte und Kranke.

- Richtig. Noch etwas?

- Purna: Er sah einen *sadhu*.

- Er sah einen *sadhu* und auch einen Toten. Er fragte daraufhin seinen Diener, ob das nur diesen Menschen widerfuhr oder auch mit ihm geschehen würde. Sein Diener Channa antwortete: „Jeder wird krank und alt, alle sterben einmal, auch du und deine Frau Yasodhara, sogar der König." Daraufhin sagte Buddha: „Oh, mir geht es schlecht, bring mich in den Palast zurück." Er begann über einen möglichen Ausweg aus diesem schrecklichen Schicksal nachzudenken. Er sann nun über den Sadhu nach, der unter dem Baum saß und meditierte, um dem Unausweichlichen zu entgehen. So beschloss Buddha, dass dies sein Weg sei und verließ den Palast.

Damit möchte ich nicht sagen, dass jeder alles verlassen sollte, um unter einem Baum zu meditieren, bis die Erleuchtung erlangt wird. Darum geht es nicht. Ernsthaftigkeit bedeutet, das Leben so zu sehen wie es ist und uns nicht in Maya zu verlieren, sondern die Notwendigkeit für ein spirituelles Leben zu erkennen. Wenn das nicht der Fall ist, dann denkt wenigstens daran, was ihr durch Ammas Gegenwart und Satsang erhalten habt – die Freude, die Seligkeit, den Frieden, das einmalige Gefühl, das ihr während ihrer Anwesenheit hattet, als Spiritualität zu einer Realität wurde, statt nur ein Hobby zu sein.

Diese Worte sind also für solche Leute, die es mit der Spiritualität ernst meinen.

Die Beherrschung von Hunger

„Wenn man sich zum Essen hinsetzt, sollte man zunächst zu Gott beten. Deshalb wird vor den Essen ein Mantra rezitiert. Steht das Essen vor uns, so lässt sich unsere Geduld gut prüfen."

Amma sagt mit diesen Worten, dass es sich um eine spirituelle Disziplin handelt, wenn wir vor dem Essen unser Mantra rezitieren und an Gott denken; anders ausgedrückt, still sitzen und an Gott zu denken, auch wenn uns das Wasser im Mund zusammenläuft. Es handelt sich um großes Tapas, eine Entsagung. Es ist nicht so einfach, wenn sich etwas direkt vor uns befindet, auf das man Appetit hat, zu sagen: „Nein, warte etwas und denke an Gott oder meditiere." Es ist eine gute Gelegenheit für uns. Unsere Charakterfestigkeit wird angesichts von Hunger geprüft. Der Charakter eines Menschen offenbart sich bei Hunger. Es heißt, dass selbst manche Heilige alles für ihren Bauch fahren lassen. Hunger ist solch ein machtvoller Drang.

Viele von euch haben vielleicht die Geschichte von Kuchela, einem Krishnaverehrer gelesen. Er und Krishna wurden in jungen Jahren zum Holzsammeln für ihren Guru in den Wald geschickt. Die Frau des Gurus hatte ihnen ein Esspaket für einen kleinen Imbiss im Wald mitgegeben. Aber leider regnete es in Strömen. Sie konnten nicht zurückkehren und suchten in den Bäumen Schutz. Krishna saß in einem, Kuchela in einem anderen. Er begann Hunger zu verspüren. Er wusste, dass Krishna der Herr war, dass er Vishnu war. Trotzdem begann er zu essen. Er fragte Krishna nicht einmal, ob er auch hungrig sei und essen wolle. Als die Hälfte vertilgt war, aß er trotzdem weiter, ohne Krishna etwas zu geben oder etwas zu sagen. Doch ihr wisst sicher, dass er daraufhin viele Jahre lang in Armut lebte. Schließlich erhielt er Krishnas Gnade und wurde sehr reich, aber erst als er schon alt war. Obwohl er sich der Göttlichkeit Krishnas bewusst war, siegte der Magen.

Ich hatte einmal eine ähnliche Erfahrung. Es ist mir nicht sehr angenehm, darüber zu sprechen, aber da ich glaube, dass die Geschichte lehrreich ist, erzähle ich sie. Ich kümmerte mich um eine ältere Person. Er litt an saurem Magen. Deshalb mochte er gerne milden Joghurt, d.h. bevor er sauer wurde. Ich war zwar nicht krank, mochte jedoch auch gerne milden Joghurt, bevor er zu sauer wurde. Dieser ältere Herr war zu einem Tempel gegangen und würde zum Mittagessen wiederkommen. Ich richtete das Essen her. Als ich den Schrank öffnete, entdeckte ich zwei kleine Joghurttöpfe. Einer war sehr sauer, der andere mild. Nun er wusste ja nicht, dass es zwei Töpfe gab. Vor seiner Rückkehr verschlang ich den milden Joghurt. Trotz meines Respekts und all meiner guten Absichten, mit denen ich mich um diesen Menschen kümmerte, siegten mein Appetit, mein Magen, meine Zunge. Immer wenn mir in jenem Lebensabschnitt ein grober Schnitzer unterlief, bekam ich kurz darauf eins über den Schädel. Der ältere Herr kam und setzte sich zum Mittagessen hin. Als er am Ende den Joghurt aß, sagte er: „Uh, ist der aber sauer, gab es keinen milderen, ich kann nicht glauben, dass kein milder da war." So musste ich mein Vergehen eingestehen. Er sagte: „Sehr schön, was für ein großartiger Sadhak du bist!" Er war nicht Bhagavan Krishna, so musste ich nicht allzu sehr leiden. Ich lernte jedoch eine lebenslange Lektion – nicht auf diese Weise zu handeln und darauf zu achten, wie uns die Zunge versklavt und wir unsere Unterscheidungskraft über Bord werfen.

Es gibt außerdem die Geschichte des goldenen Mungos (Mungo: eine Schleichkatzengattung aus Afrika und Asien) aus der Mahabharata – viele von euch kennen die Geschichte: Der große König Yudhisthira der Pandavas veranstaltete ein großes vedisches Opfer und gab große Summen dafür aus. Er gab viele Geschenke an Tausende von Menschen, so dass es zum Stadtgespräch von Delhi wurde. Zu der Zeit handelte es sich um Alt-Delhi, das damals Hastinapura genannt wurde. Ganz am Ende dieser Opferzeremonie, kam ein Mungo und rollte sich an dem Ort der Zeremonie im Staub. Alle sahen den Vorgang und wunderten sich über das eigenartige Geschöpf. Als es wieder aufstand, fiel ihnen auf, dass die eine

Körperhälfte in wunderbarem Gold leuchtete, während die andere Seite gewöhnlich braun war. Jemand, der über die Gabe mit Tieren zu sprechen verfügte, fragte: „Du bist der eigenartigste Mungo, den es gibt. Wie kommt es, dass die eine Seite golden ist und die andere gewöhnlich braun?" Er erzählte dann die Geschichte, die ich hier verkürzt wiedergebe. Einige Jahre zuvor hatte es eine schreckliche Hungersnot gegeben und er war im Lande umhergestrichen, um nach Essbarem zu suchen. Es gab eine arme Familie, die am Verhungern war. Irgendwie kamen sie an etwas Weizen, mahlten ihn und machten *chappatis*. Sie wollten sich gerade ans Essen machen – ihr könnt euch ihren Hunger vorstellen! Stellt euch nur einmal vor, ihr habt seit zwei oder drei Wochen nichts gegessen; ihr zittert vor Hunger, seid fast am Zusammenbrechen; im Magen brennt es wie Feuer. Und dann gibt es drei oder vier Stücke Brot.

Genau zu dieser Zeit trafen nacheinander drei Gäste ein. Jedem Gast reichten sie ein Stück Brot. Dann tauchte der Nächste auf. Schließlich blieb nichts übrig. In dem Augenblick, als sie ihr letztes Stück Brot weggaben, erreichten alle von ihnen eine hohe Stufe der Selbstverwirklichung und wurden gleichzeitig erlöst.

Der Mungo ging zu den Krümeln, die vom Mund der Gäste gefallen waren. Nach dem Verzehr der Krümel, lag er einen Augenblick lang dort und als er wieder aufstand, war seiner halber Körper golden. Ihm gefiel die Farbe so gut, dass er die andere Hälfte in der gleichen Farbe haben wollte. So ging er zu allen bekannten Pilgerorten und Orten, wo große Pujas abgehalten wurden, viel Wohltätigkeiten, selbstloser Dienst usw., rollte sich dort auf dem Boden, wo diese Tätigkeiten stattfanden und schaute, ob die andere Seite ebenfalls golden geworden war. So sagte er zu König Yudhisthira: „Dieses große

Opfer, für das du so große Summen weggegeben hast und so vielen Menschen Geschenke bereitet hast, ist nichts im Vergleich zu den Menschen, die nur drei Stücke Brot weggaben." Es zeigt die Größe der Fähigkeit, den Hunger zu beherrschen. Nur ein großer Mensch ist dazu fähig.

„Ein Asket muss nicht umherwandern, um nach Nahrung zu suchen. Die Spinne spinnt ihr Netz und bleibt an ihrem Platz. Sie sucht nicht nach Nahrung, diese bleibt in ihrem Netz hängen. Ebenso wird das Essen für einen Entsagenden durch Gott kommen. Er muss sich jedoch völlig Gott hingegeben haben."

Gemeint ist ein Sannyasi, die meisten von uns betrifft es nicht. Ein wahrer Entsagender jedoch, der alles weltliche Leben hinter sich gelassen hat und nur für die Gottverwirklichung lebt, solch ein Mensch sollte nicht einmal an Essen und wo es herkommen wird denken. Dann ist keine Bemühung darum notwendig, da es zwangsläufig zu einem Menschen kommt, der die ganze Zeit an Gott denkt, bzw. sich ständig um Gottverwirklichung bemüht.

Gott kümmert sich um die Gläubigen

Amma erzählte gern die Geschichte eines Mannes, der diese Lehre bei einem Satsang hörte und beschloss, diese Aussage zu testen. Erinnert ihr euch? Er wollte wissen, ob Gott ihn wirklich ohne eigene Bemühung zu essen geben würde. Er dachte bei sich, dass er dieser Aussage nur Glauben schenken würde, wenn die gebrachte Nahrung ihm auch noch in den Mund gesteckt würde. So saß er seiner Dorfhütte, rezitierte sein Mantra und dachte ununterbrochen an Gott. Dann kam ihm der Gedanke: „Das ist nicht gut so. Wenn ich hier sitze, kann jemand mich beim Vorbeikommen sehen und sich fragen, ob der arme Kerl heute schon etwas gegessen hat. Ich muss das Dorf verlassen. Ich werde tief in den Wald gehen." So ging er in den Wald und setzte sich unter einen Baum und rezitierte sein Mantra.

Dann hörte er einen Aufruhr am Waldrand. Als dieser immer näher kam, wurde ihm klar, dass es sich um Banditen handelte. Sie hatten gerade einen großen Raub begangen und kamen nun in den Wald. Ihm ging der Gedanke durch den Kopf, dass sie ihn vielleicht töten würden. Daher kletterte er den Baum hoch und beobachtete von dort aus, was geschah. Sie legten ihre Taschen mit dem Diebesgut ab und packten ihr Mittagessen aus.

Dann sagte einer von ihnen: „Lasst uns vor dem Essen in dem Fluss hier ein Bad nehmen." So gingen sie und kehrten nach ihrem Bad zurück. Genau in diesem Augenblick musste der Mann im Baum niesen – er konnte es nicht vermeiden. Die Banditen schauten hoch, entdeckten ihn im Baum stehend und forderten ihn auf herunter zu kommen. Dann kam ihnen der Gedanke: „Er hat all unser Diebesgut gesehen. Er ist bestimmt heruntergestiegen, als wir badeten, hat unser Essen vergiftet und geht damit sicher, dass wir alle sterben und er dann alles bekommt." So beschlossen sie, dass er das Essen zu sich nehmen sollte. Sie zwangen ihn, vom Baum herunter zu steigen, nahmen das Essen und stopften es ihm in den Mund.

In diesem Augenblick erkannte der Mann, dass die Worte, die er beim Satsang gehört hatte, stimmten. Natürlich nahm die Geschichte ein gutes Ende: Die Polizei kam in den Wald gerannt, nahm die Diebe fest und führte sie fort. Und der Mann lebte glücklich bis an das Ende seiner Tage.

Die beschriebene Art der Entsagung ist nicht jedermanns Sache, obwohl es gelegentlich einen Haushälter gegeben hat, d.h. einen gewöhnlichen Menschen - nicht einen Sannyasi - der auf diese Weise lebte. Viele von euch haben vielleicht von Tukaram gehört. Er führte ein solches Leben. Er war ein Heiliger in Maharashtra – verheiratet, hatte Kinder und führte ein Geschäft. Er wiederholte jedoch ständig den Namen Gottes, meditierte und verbrachte nur wenig Zeit mit anderen Dingen. Er machte sich niemals Sorgen um sich oder seine Familie. Er wurde auch stets beschützt, aber trotzdem hatten er und seine Familie viel Leid durchzumachen. Sie hatten jedoch immer, was sie brauchten. Er wurde sehr bekannt, und heutzutage gibt es in Indien vermutlich niemanden, der nicht weiß, wer Tukaram war.

Lasst uns für andere ein gutes Beispiel setzen

„Am Anfang sollte ein geistig Suchender sich beim Essen beherrschen. Unkontrolliertes Essen erzeugt schlechte Neigungen. Wenn Saat ausgesät ist, sollte man darauf achten, dass die Krähen sie nicht fressen. Sobald daraus ein Baum geworden ist, kann jeder Vogel dort sitzen oder ein Nest bauen. Zunächst ist Selbstbeherrschung beim Essen und die Ausübung von Sadhana geboten. In einem späteren Stadium kann scharfes, saures oder sogar nicht-vegetarisches Essen gegessen werden, ohne sich nachteilig auszuwirken. Aber es ist trotzdem besser, Kinder, solche Nahrung auch dann nicht zu sich zu nehmen. Man sollte der Welt ein Beispiel geben. Dann lernen andere durch Beobachtung. Wenn eine Person Gelbsucht hat, sollte man in deren Gegenwart nichts Scharfes oder Sau-

res essen. Auch wenn wir nicht selbst erkrankt sind, sollten wir uns zurück halten, um der erkrankten Person dadurch zu helfen."

Nachfolgend die Geschichte von einem Arzt und einem Patienten, der von weither kam und Diabetes hatte. Der Doktor teilte seine Diabetes-Diagnose mit, verschrieb aber nichts, sondern forderte ihn auf, am nächsten Tag wiederzukommen. Der Mann protestierte: „Sir, ich bin von so weit her gekommen, jetzt zurückzukehren und morgen erneut hierher zu kommen; das ist recht schwierig." Aber der Arzt bestand darauf, dass er im Moment nichts verschreiben könne, sondern er morgen wiederkommen müsse. Der Mann ging. Die anwesende Schwester sagte: „Wie hart Sie sind, Herr Doktor. Warum haben Sie ihm kein Rezept gegeben und gesagt, was er zu tun und zu unterlassen habe?" Der Arzt antwortete: „Sehen Sie die Dose mit Bonbons dort auf meinem Tisch? Hätte ich ihm gesagt, dass er keinen Zucker und keine Süßigkeiten essen solle, hätte er gedacht: „Mir sagt er, ich solle weder Zucker, noch Süßigkeiten zu mir nehmen, aber er isst Beides.

So rät auch Amma, ein gutes Beispiel zu setzen, da Menschen aus verschiedenen Gründen vielleicht zu uns aufschauen, deshalb sollte man um ihretwillen selbst beim Essen ein gutes Beispiel sein, da der Geist des Durchschnittsmenschen völlig durch das Essen beeinflusst wird. Sie können sich nicht einmal vorstellen, dass jemand ein Stadium erreicht haben kann, wo dass Feuer der Weisheit (*jnana*), das Licht des Erkennens im Herzen leuchtet und der Geist so weit gereinigt ist, dass in der Gegenwart Gottes gelebt wird, wodurch alle Nahrung verbrannt wird, selbst die feinstofflichen Bestandteile.

Ich lese noch etwas mehr aus der *Gita* über das Thema „ein gutes Beispiel setzen" vor.

„Was auch immer ein großer Mensch tut – andere werden es nachahmen. Was er als Standard setzt, dem folgt die Welt. Es gibt für mich nichts in den drei Welten zu erreichen, es gibt nichts Unerreichtes, das ich zu verwirklichen hätte. Trotzdem handele ich. Bliebe ich untätig, würden die Menschen in allen Angelegenheiten meinem Vorbild folgen. Diese Welten würden ruiniert, wenn ich untätig bliebe. Ich würde Konfusion bewirken und damit all diese Geschöpfe vernichten. Der Unwissende verrichtet seine Arbeit mit Anhaftung, der Weise sollte jedoch ohne Gebundenheit handeln, und zwar mit der Absicht, die Masse der Menschen zu schützen. Der Weise soll keine Unruhe im Geist des Unwissenden stiften, die mit Anhaftung handeln. Er sollte sie dazu anregen, allen anfallenden Tätigkeiten nachzukommen und sie selber mit Hingabe ausführen." (3.21-26)

Ein weiser Mensch, eine gottverwirklichte Seele, sollte um der Welt willen das Beispiel eines idealen Lebens leben, auch wenn sie selbst nichts brauchen, nichts tun müssten, vielleicht wie ein Avadhuta sind.

Betrachten wir einmal Amma. Sie bedarf keiner Regeln oder Vorschriften. Bevor irgendjemand von uns eintraf, lebte sie draußen in Sonne und Regen. Sie kümmerte sich um nichts und niemanden. Aber als die Welt anfing, zu ihr zu kommen, begann sie – zumindest in ihrem äußeren Leben - fast wie ein normaler Mensch zu leben. Aus welchem Grund? Nur um ein

Beispiel zu setzen, um die Menschen zu führen, die Gott zu ihr brachte. Um des Beispiels willens sollten wir selbst dann sattvische Nahrung zu uns nehmen, wenn wir spirituell so weit fortgeschritten sind, dass es gleich ist, was wir essen.

Om Namah Shivaya!

Satsang im M.A. Center,
1994, Kassette 6, Seite A

Ernährung und Sadhana - 2

Wir befassen uns jetzt mit dem 173. Spruch aus dem Buch „Für meine Kinder". Amma spricht hier über Ernährung und Geschmackssinn, deren Beziehung zum spirituellen Leben und wie wir unser Essen im Hinblick auf spirituellen Fortschritt regulieren sollten. Obwohl Amma hier speziell über die Nahrung spricht, die über den Mund geht, muss vom spirituellen Standpunkt aus alles, was wir über unsere Sinnesorgane aufnehmen, als Nahrung betrachtet werden. Wie wir letzte Woche besprochen haben, besteht alles, was wir hören, sehen, riechen, schmecken und berühren aus den drei *gunas* oder Eigenschaften der Natur. *Sattva guna* beinhaltet die Eigenschaften Harmonie und Frieden, die uns helfen, Ruhe in unser Gemüt einkehren zu lassen. *Rajas*, der *guna* oder die Eigenschaft von Unruhe und Aktivität, macht unser Gemüt rastlos. Die Eigenschaften von *tamas* sind Dunkelheit, Trägheit, Irrtum, Vergesslichkeit; sie machen unser Gemüt träge, wodurch Konzentration erschwert oder verhindert wird.

Amma spricht in diesem Kapitel speziell über die physische Nahrung, die wir mit dem Mund zu uns nehmen. Letzte Woche haben wir erwähnt, dass der physische, sichtbare Teil der Nahrung, der grobstoffliche Anteil, der Teil ist, aus dem unser grobstofflicher, physischer Körper gebildet wird. Aber das ist nicht alles, woraus wir bestehen, sondern nur die äußerste Hülle unseres Seins. Feiner als diese Hülle und in ihr enthalten sind Gemüt und Intellekt. Zunächst einmal gibt es die Lebenskraft, dann Gemüt und Intellekt und schließlich den Träger der Glückseligkeit, die in uns aufsteigt, wenn wir Freude erfahren. Das innerste Wesen dieser Hüllen, der Kern, ist das Selbst, der *atman* oder unser wahres Sein.

Gegenwärtig sind die meisten von uns völlig nach außen gerichtet. Wir identifizieren uns nur mit der äußersten Hülle unserer Existenz, obwohl wir uns all dieser verschiedenen Hüllen und unseres Selbst bewusst sind. Es gibt niemanden ohne ein Bewusstsein des Selbst. Wir vermischen es nur mit all den anderen Aspekten (Intellekt, Gemüt, Körper). Man könnte sagen, dass wir nicht in der Lage sind, das Selbst von seinen Anhängseln zu lösen. Und genau darum geht es im spirituellen Leben – um die Bemühung, die äußeren Bereiche vom innersten, eigentlichen Sein zu trennen, vom Kern, der *atman*, das Selbst oder die Seele ist. Dadurch sehen wir, dass wir nicht der Körper sind, der eine Seele hat, sondern vielmehr eine Seele, die einen Körper hat.

Nachfolgend Ammas Worte:

„Man wird sagen, dass es leicht sei, Teetrinken oder Rauchen aufzugeben, und trotzdem ist man nicht in der Lage dazu, es zu tun. Wie sollte es möglich sein, das Gemüt zu beherrschen, wenn noch nicht einmal diese einfachen Dinge unter Kontrolle sind? Zuerst sollten diese einfachen Dinge eingeschränkt werden. Wie sollte es gelingen, den Ozean zu überqueren, solange man nicht einmal kleine Flüsse überqueren kann?"

Amma sagt hiermit klar und deutlich, dass Teetrinken und Rauchen nicht gut für uns sind, wenn es uns mit dem spirituellen Leben ernst ist. (Unter der Überschrift „Tee" könnte man alle Genuss- und Reizmittel einreihen, d.h. alles, was keinen Nährwert für den Körper hat und das Nervensystem anregt.) Warum? Weil unser Innenleben schon rastlos genug ist, unsere Gedanken wandern ohnehin schon so viel herum. Spiritualität hingegen bedeutet zu versuchen, den Geist zu konzentrieren und geistigen Frieden zu erlangen.

Geistigen Frieden erreicht man nicht durch Behaglichkeit, Reichtum oder angenehme Situationen. Es ist nur ein vorübergehender Frieden, der von Umständen abhängig ist. Geistiger Frieden bedeutet Abwesenheit von Gedanken und kann nur dadurch erlangt werden, dass unser Fühlen und Denken durch spirituelle Praxis geschult wird. Angenommen, ihr wollt einen Muskel aufbauen. Der Muskel baut sich nicht von selbst auf, ihr müsst ihn trainieren, indem ihr schwere Gewichte hebt und das Gewicht schrittweise steigert. Ebenso ist geistiger Frieden nicht jedermanns Geburtsrecht, es ist die Frucht intensiver Bemühungen. So verhält es sich auch mit Meditation, *bhajan* und *satsang*. Sie bedürfen einer bewussten Anstrengung. Wenn wir zu dem Schluss gekommen sind, dass geistiger Frieden diese Anstrengung wert ist, dass es das ist, worauf es im Leben ankommt, dann müssen wir herausfinden, welche Werkzeuge, welche Hilfsmittel es gibt, um ihn zu erreichen.

Für einen Menschen, dem es ernst damit ist – nicht für jemanden, für den es nur ein Hobby oder eine Teilzeitbeschäftigung ist, sondern für jemanden, der zu dem Schluss gekommen ist, dass geistiger Frieden das Wesentliche im Leben ist und der alles daransetzen will, ihn zu erreichen und das Herumwandern der Gedanken zum Stillstand zu bringen, um vollkommen ruhig und gelassen zu werden – für solch einen Menschen gibt Amma diese Richtlinien oder Anregungen.

Tee, Kaffee, alles, was die Nerven anregt, ist nicht gut, weil es zur Unruhe des Geistes beiträgt. Wir mögen denken: „Was soll´s? Wenn ich mich zum Meditieren hinsetze, werde ich sowieso kein Bedürfnis nach Tee oder Kaffee haben!" Aber Meditieren, bzw. das Hinsetzen zur Meditation ist erst der Anfang spirituellen Lebens. Das ist für Anfänger. Es bedarf täglich einiger Wiederholungen, damit eine Gewohnheit daraus wird. Aber wir sollten uns konstant darum bemühen, das Umherschweifen des Geistes zu unterbinden. Das ist wahre Spiritualität. Das ist Meditation. Tee und Kaffee werden uns auch zu anderen Zeiten aufputschen und es schwer für uns machen, den wandernden Geist zu beherrschen. Rauchen belastet das Nervensystem. Natürlich weiß jeder, dass Rauchen gesundheitsschädlich ist, selbst der Gesundheitsminister weiß es. Aber darum geht es Amma in dieser speziellen Erörterung nicht. Sie gibt auch bestimmte Hinweise darüber, was gut und was schlecht für die Gesundheit ist. Ihr Hauptanliegen ist jedoch unser Gemüt und unser Geist, weniger unser Körper, der heute kommt und morgen geht, während der Geist weiter besteht, so lange, bis wir unsere wahre Natur, den *atman*, erkennen. Der Körper ist also nur eine vorübergehende Sache. Unsere geistige Gesundheit ist vorrangig.

Laut Amma belastet Rauchen das Nervensystem und macht unser Gemüt *tamasisch*, d.h. träge. Es erschwert Konzentration, beeinträchtigt das Begriffsvermögen und die Tatkraft, bzw. Bemühen. Gewisse Lebensmittel haben dieselbe Wirkung: schweres, fettes oder abgestandenes Essen. Wir haben darüber kürzlich in der *Bhagavad Gita* gelesen, wo Lebensmittel unter den verschiedenen Oberbegriffen *sattvisch*, *tamasisch* und *rajasisch* eingestuft wurden. Schweres, fettes und abgestandenes Essen ist *tamasisch*, Rauchen eine tamasische Angewohnheit.

Menschen, die ein spirituelles Leben führen, sagen: „Oh, ich kann mit dem Tee- und Kaffeetrinken aufhören", aber es gelingt ihnen nicht, Tee, Kaffee oder das Rauchen aufzugeben. Sie denken: „Was macht es schon aus?" - Wenn es tatsächlich nichts ausmachen würde, warum sollte man es dann sein lassen? Amma sagt: „Wenn es schwer fällt, diese Dinge einzustellen, was soll man dann über die eigentliche Arbeit sagen?" Das bedeutet, dass die Hauptaufgabe nicht darin besteht, eine körperliche Angewohnheit aufzugeben, denn dabei handelt es sich nur um nicht allzu schwierige vorbereitende Bemühung; schwierig ist es, die inneren Gewohnheiten aufzugeben. Ihr wisst, dass es ein Naturprinzip ist, dass das Feinstoffliche stärker ist als das Grobstoffliche und dass das Grobstoffliche seinen Ursprung im Feinstofflichen hat. Es ist viel stärker. Ebenso sind unseren inneren Angewohnheiten viel zäher als unsere körperlichen. Sie entstehen durch unsere inneren Vorgänge. Der Körper ist träge. Er ist nur ein Werkzeug des Geistes. Er hat keinen eigenen Willen.

Diese inneren Feinde, diese weiten Ozeane, sind viel schwerer zu überqueren, als nur ein paar kleine Flüsse wie Rauchen und Trinken. Und welches sind diese inneren Ozeane? Es gibt sechs innere Hauptfeinde für einen *sadhak*, für einen spirituellen Sucher. Eigentlich sind sie Feinde für jeden. Wir sprechen zwar speziell über das spirituelle Leben, aber man kann es nicht generell damit definieren fortzugehen, allem zu entsagen und Mönch zu werden, denn spirituelles Leben ist menschliches Leben schlechthin. Es ist für jeden wichtig, um erfolgreich und glücklich zu sein. Spiritualität ist eine Notwendigkeit. Man hat nicht einmal wirklich die Wahl. Irgendwann gelangt jeder dorthin.

Welches sind diese sechs Feinde? *Kama,* Verlangen; *krodha,* Zorn; *lobha,* Gier; *moha,* Anhaftung (eigentlich: Verblendung; Anm. d. Ü.); *mada,* Stolz, und *matsarya,* Eifersucht. Das sind die sechs Feinde, die immer wieder auftauchen und uns und anderen so viele Schwierigkeiten machen. Sie bringen immer Unruhe. Sie verursachen stets Konflikte in unserem Leben. Deshalb müssen wir sie im Auge behalten. Wir haben viele, viele Eigenschaften. Unser Charakter besteht aus unendlich vielen Verzweigungen. Die Weisen und Menschen wie Bhagavan Sri Krishna haben bis auf den Grund erforscht, dass dies die großen Unruhestifter sind. Sie sind die Ganoven, könnte man sagen, die innere Mafia. Wenn ihr sie schnappt und ins Gefängnis sperrt, kommt alles in Ordnung.

Es lohnt sich, sie zu wiederholen, aber diesmal lassen wir ihre Sanskrit-Bezeichnung weg: Verlangen, Zorn, Gier, Anhaftung, Stolz, Eifersucht. Das sind die Unruhestifter. Und jeder von ihnen ist wie ein Ozean. Ihr meint vielleicht, dass ihr einen losgeworden seid, aber dann taucht er wieder auf. Ihr seid der Ansicht: „Oh, ich werde nie zornig", und dann tut jemand etwas, und ihr werdet wütend. Ihr denkt, ihr wärt jenseits aller Wünsche und Versuchungen, doch plötzlich werdet ihr deren Beute. Ihr glaubt vielleicht, recht frei von Anhaftung zu sein, aber wenn jemand euch verlässt oder schlecht behandelt, fühlt ihr euch jämmerlich. Euer Leben hing von dieser Partnerschaft oder diesem Menschen ab. Ihr mögt denken, ihr wärt nicht gierig. Aber dann seht ihr etwas und wünscht euch, dass es euer Eigentum wäre. „Oh, das ist aber schön," anstatt einfach zufrieden zu sein mit dem, was ihr habt.

Die Geschichte von Vishwamitra Maharishis Askese

Es gibt die Geschichte eines Weisen, die besagte erste drei Eigenschaften zusammenfassend darlegt. Es ist eine schöne Geschichte, aber wir werden sie in verkürzter Form erzählen. Es ist die Geschichte von Vishwamitra Maharishi. Vishwamitra war ein König. Eines Tages ging er zum Ashram eines Mahatmas, einer selbstverwirklichten Seele, einem *brahmarishi*, einem brahmanischen Weisen, der Gottverwirklichung erlangt hatte. Vishwamitra war ein *kshatriya*, ein Angehöriger der Krieger-Kaste. Vasishta servierte ihm, seinen Soldaten und Höflingen ein üppiges Mahl. Vishwamitra dachte: „Woher bekommt er dieses ganze köstliche Essen, all die Dinge hier, in diesem kleinen Ashram mitten in der Wildnis?" Er fragte Vasishta: „Wo kommt das ganze Essen her? Ich sehe noch nicht einmal einen Koch! Zudem sind wir erst vor einer halben Stunde angekommen, und Ihr habt uns ein Mahl mit zehn Gängen serviert. Eure Gattin ist eine neunzigjährige alte Dame, sie kann das nicht alles zubereitet haben!"

Vasishta antwortete: „Ich habe eine Kuh, eine Zauberkuh, die alles gibt, worum man bittet, nicht nur Milch, sondern alles, und zwar bereits fertig zubereitet. Sie ist wie eine Schnellimbiss-Maschine. Sie gibt einem alle Mahlzeiten, die man wünscht."

Vishwamitra wollte die Kuh sehen. Als er sie sah, sagte er: „Hört, ein *sadhu* wie Ihr, ein armer, im Wald lebender Weiser, braucht doch solch eine Kuh nicht. Für mich wäre das jedoch eine großartige Sache. Ich bin ein König. Täglich muss ich im Palast Tausende von Menschen ernähren, und wir brauchen so viele Lebensmittel. Diese Kuh ist für Euch einfach überflüssig. Ihr könnt alles bekommen, aber Ihr braucht nichts. Deshalb möchte ich die Kuh haben!"

„Nein, es tut mir leid, ich kann Euch die Kuh nicht geben, weil ich sie für meine *puja* brauche", sagte Vasishta. „Sie gibt mir jeden Tag Milch, und ich benutze die Milch, den Joghurt und den Ghee (Butterfett) für mein tägliches Verehrungsritual."

Da wurde Vishwamitra ärgerlich. Er sagte: „Nein, ich nehme die Kuh", und er versuchte, sie mitzunehmen. Es gab einen großen Kampf. Zwischen wem? Zwischen Vishwamitra und seiner Armee auf der einen Seite und Vasishta auf der anderen Seite, der arme alte Vasishta, der zu jenem Zeitpunkt wahrscheinlich um die 125 Jahre alt war. Aber er hatte die Kuh auf seiner Seite. Sie manifestierte Soldaten statt Essen, und der Kampf begann. Vishwamitra wurde besiegt und kehrte in sein Land zurück. Er kam zu dem Schluss: „Das ist wahre Macht! Dieser arme Brahmane hat wirkliche Macht, spirituelle Macht. Welchen Sinn hat es, König zu sein? Ich will ein Brahmarishi werden wie er. Ich werde meditieren. Ich werde *tapas* machen, Askese üben."

So ging er in den Wald und lebte in Askese. Und was geschah? In der Zwischenzeit sah Indra, wie Vishwamitra *tapas* übte und dachte: „Warum macht er *tapas*? Er will meinen Platz einnehmen, er möchte der Himmelskönig werden!" Deshalb schickte er eine schöne Frau auf die Erde hinunter, ihr Name war Menaka. Sie war eine himmlische Maid, eine Nymphe. Sie betörte Vishwamitra, und es endete in einer Art Ehe. Man könnte sagen, sie wurde seine Freundin. Für wie lange? Zwölf Jahre! Zwölf Jahre, es war ihm nicht bewusst, wie die Zeit verstrich; sie rann dahin. Er hatte auch ein Kind, Sakuntala. Nach zwölf Jahren wurde ihm klar, was geschehen war - dass er seine Meditation und sein *tapas* vergessen hatte. Er hatte zwölf Jahre gebraucht, bis ihm bewusst wurde, dass er aufgehört hatte zu meditieren. Dann begriff er, warum das geschehen war. Indra hatte ihm diesen üblen Streich gespielt. Er wurde sehr zornig und verfluchte Menaka.

Wieder begann er mit der Askese. Aber weil er seine ganze Energie mit Menaka vergeudet hatte und obendrein noch zornig geworden war, war aller Nutzen, den er durch die Jahre der Meditation vorher errungen hatte, verloren. Er fühlte sich ziemlich elend. „Schaut, was mit mir geschehen ist! Ich bin Verlangen, Zorn und Gier zum Opfer gefallen, weil ich eine Kuh haben wollte. Nie wieder soll mir das passieren!

Er wechselte den Ort und setzte sich wieder zur Meditation hin. Erneut sandte Indra eine Dame. Auch ihr gelang es, ihn abzulenken, aber er beschloss, zumindest nicht zornig zu werden. Er verfluchte sie nicht. So geschah Eines nach dem Anderen, aber er konnte seinen Zorn nicht überwinden. Das war sein großes Problem, trotz der vielen Meditation und dem *tapas*. Er stand fünfzig Jahre lang auf einer Zehe. Er tat einmal im Jahr einen Atemzug als einzige Nahrung. Er schlief weder bei Tag, noch bei Nacht. Er hielt sich bei Regen und Sonne im Freien auf. Aber es brauchte nur ein kleines Problem aufzutauchen und er wurde zornig. Das heißt, so klein waren die Probleme eigentlich nicht. Trotz aller Bemühungen gelang es ihm immer noch nicht, seine Wut in den Griff zu bekommen. Bei alledem war das Schmerzlichste, dass Vasishta ihn nicht als *brahmarishi* akzeptierte.

Schließlich konnte er es nicht länger ertragen. Er beschloss, Vasishta zu töten. Er wurde sehr eifersüchtig und zornig und zischte: „Wenn das der einzige Weg ist, ihn zu besiegen und seinen Platz einzunehmen, ist es in Ordnung, ihn umzubringen!" Auf solche Abwege geriet sein Denken. So ging er in einer Vollmondnacht zum Ashram und schlich sich hinter die Hütte, um Vasishta den Garaus zu machen. Vasishta hielt gerade einen Vortrag. Ein *satsang* war mitten im Gange. Er erzählte den *brahmacharis* und *brahmacharinis* im Ashram: „Ihr seht den wundervollen Mond am Himmel, wie er der ganzen Welt sein Licht spendet und jeden so glücklich und friedlich macht und die Hitze des Tages abkühlt. Auf dieselbe Weise spendet der große Mahatma Vishwamitra, der *tapas* im Wald übt, der Welt Frieden." Als Vishwamitra das hörte, war all sein Ärger verflogen. Er wurde wie ein unschuldiges Kind. Er bereute all seine Übeltaten und fiel Vasishta zu Füßen. Er umklammerte Vasishtas Füße. Vasishta sagte: „Steh auf, *brahmarishi*, steh auf! Warum wirfst du dich nieder? Nicht wegen deiner Askese-Übungen bist du ein Brahmarishi, sondern weil dein Herz rein und unschuldig wie das eines Kindes geworden ist."

Das ist letztendlich der einzige Weg, unser Gemüt vollkommen zu reinigen. Um diese tief verwurzelten *vasanas*, diese Ozeane von *vasanas* loszuwerden, müssen wir spirituelle Übungen ausführen. Aber letzten Endes hängt der Erfolg von der Gnade eines Gurus ab, so wie Vishwamitra Vasishtas Gnade erhielt. Wir mögen den Eindruck haben, dass es unmöglich sei, unsere *vasanas* loszuwerden, aber ich weiß durch einen Vorfall, den ich persönlich mitbekam, dass wir diese Gewohnheiten überwinden können.

Es gab einen jungen Wissenschaftler, der in Bombay lebte. Er trank etwa dreißig Tassen Kaffee am Tag und kaute Betelblätter, eine Art Genussmittel - vielleicht zwanzig Päckchen Betelblätter und Betelnüsse am Tag. Sein gesamtes Gehalt - er bekam zu jener Zeit ein ziemlich gutes Gehalt - gab er, neben Miete und dem wenigen Essen, das er zu sich nahm, für Kaffee und Betelblätter aus. Er war nie wirklich hungrig, weil er so

viel Kaffee trank und so viele Betelblätter und -nüsse kaute.
Es wäre eine Untertreibung zu sagen, dass er unter Strom stand.
Unter Strom stehen soll heißen, dass durch all die Aufputsch-
mittel ständig elektrischer Strom durch ihn zu fließen schien.
Er hing aber auch sehr an Amma. Er ging zu ihr und sagte:
„Ich möchte mein altes Leben hinter mir lassen und zu deinen
Füßen leben, Amma." Sie antwortete: „In Ordnung, aber ich
erlaube dir nur hier zu bleiben, wenn du diese beiden Angewohnheiten aufgeben kannst." Es war ein Kampf für ihn und
ein paar Tage lang war er erfolgreich. Dann ging er zu Amma
und gestand: „Amma, ich kann mich nicht beherrschen." Sie
sagte: „Das ist kein Wunder. Iss ein paar Bonbons, wann immer du den Drang verspürst, Kaffee zu trinken oder Betel zu
kauen." Er aß jede Menge Bonbons. Er war völlig übersättigt
davon. Aber es hatte nicht die gewünschte Wirkung.

Eines Tages verließ er den Ashram und ging zu einem
Stand und kaufte Kaffee und ein Päckchen Betelnüsse und
Blätter. Niemand erzählte es Amma. Keiner wusste es. Er hatte es heimlich getan. Es muss nachts gewesen sein oder als alle
meditierten. Er hatte über Kaffee meditiert und ging also hinaus, um Teestand-Darshan zu bekommen. Als er zurückkam,
rief Amma ihn zu sich. Sie sagte: „Du kannst mich nicht täu-
schen, ich weiß, was du getan hast. Ich habe dir gesagt, wenn
du diese Angewohnheit nicht überwindest, kannst du nicht
hier bleiben." Er fühlte sich so miserabel - bis auf den Grund
seines Wesens - dass er von jenem Tag an nie wieder Kaffee
anrührte und nie wieder Betelblätter kaute. Er warf seine so
tief verwurzelte Angewohnheit in diesem Augenblick über
Bord. Er war zu der tiefen Überzeugung gelangt: „Das ist nicht
gut für mich, und wenn ich weiter damit mache, werde ich
Ammas Gnade nicht erhalten." Als das in seinem Herzen an-

kam, ganz in sein Herz drang, nicht nur in seinem Kopf, war er in der Lage, diese Angewohnheit ein für alle Mal zu beenden. Es ist also möglich. Aber Amma sagt, wie könnt ihr diese großen Ozeane von Zorn und inneren negativen Eigenschaften überwinden, wenn ihr noch nicht einmal diese äußeren Angewohnheiten besiegen könnt?

Die Macht der Gedanken

Das nächste Zitat mag hier im Westen etwas fremd klingen, aber wir sollten es uns anhören, da es von Amma stammt.

„Am Anfang sollte ein Sadhak, ein spiritueller Aspirant, nichts von Imbiss-Ständen kaufen."

Man könnte auch sagen, nicht in Gaststätten und Restaurants zu essen.

„Bei jeder Zutat, die der Besitzer zur Hand nimmt, ist sein einziger Gedanke, wie er mehr Gewinn erzielen kann. Während er Tee zubereitet, denkt er: „Ist so viel Milch nötig? Warum kann ich nicht weniger Zukker nehmen?" Auf diese Weise sinnt er nur darüber nach, wie er die Mengen verringern und den Gewinn erhöhen kann. Die Schwingung dieser Gedanken wird sich auf den Sadhak auswirken."

Hier im Westen und mit zunehmender Tendenz in der ganzen Welt, ist das gesellschaftliche Leben sehr wichtig. Restaurants werden nicht als ein Ort betrachtet, den man meiden sollte. Tatsache ist, dass alle auswärts essen gehen. Ich habe irgendwo gelesen, dass McDonalds so viele Frikadellen produziert, dass sie zweieinhalb Mal um den ganzen Erdball herum reichen würden, wenn sie aneinander gelegt würden. Wie groß ist Erde? Herr Iyer, wie groß ist der Erdumfang, Sie sind der Experte.

Herr Iyer: „Vierundzwanzigtausend Meilen." (40.000 km) Vierundzwanzigtausend Meilen. Achtundvierzigtausend plus zwölftausend sind etwa sechzigtausend Meilen (100.000 km) Frikadellen (Hamburger) jedes Jahr. Und das ist nur eine Restaurant-Kette. Ihr bekommt eine Vorstellung davon, wie viele Menschen in Restaurants gehen. Es ist erschreckend.

In früheren Zeiten gab es keine Restaurants - höchstens Wirtshäuser für Reisende. In Indien hatte man *dharamsalas*, *annasatras*, wo Leute, die sich auf einer Pilgerreise befanden, sich ausruhen und etwas zu essen bekommen konnten. Diese wurden von den Reichen kostenlos unterhalten – von der wohlhabenderen Bevölkerung, wahrscheinlich den Händlern – um die Pilger zu speisen. Denn wohin sollten sie gehen, um etwas zu essen zu bekommen? Sie waren zu Fuß unterwegs und konnten nichts mit sich nehmen.

Es gilt nach wie vor, dass das Essen zuhause spirituell gesehen gut für euch ist - gut für Körper und Geist. Das Essen in Restaurants tut dem Geist nicht gut, da nur mit dem Interesse gekocht wird, Gewinn zu machen. Es ist jemandes Geschäft. Dort werden die Gäste nicht mit Liebe ernährt. Es verhält sich wie in der Geschichte, die Amma von dem Vater und seiner Tochter erzählt, die sich in einem Hotel einquartierten. Am nächsten Morgen, als sie sich abmeldeten, sagte das kleine Mädchen: „Oh, Papi, das Personal war so nett hier! Sie sind herumgerannt und haben uns jede Kleinigkeit gebracht; so viele Leute haben uns bedient, und auch in dem Restaurant hat uns jeder gefragt: ‚Haben Sie einen Wunsch?' Sie waren so liebevoll und so freundlich, ich habe noch nie so wundervolle Menschen erlebt, sie waren so reizend!" Der Vater sagte: „Was redest du da? Sobald ich die Rechnung bezahlt habe, wirst du diese Menschen nie wieder sehen. Der einzige Grund, warum sie so nett und freundlich sind, besteht darin, dass sie Geld bekommen. Es ist nur eine Fassade, eine Show. Wenn du die Rechnung nicht bezahlst, wirst du sehen, wie freundlich sie sind!"

Ein Restaurant tut spirituell nicht gut, so nett die Atmosphäre auch sein mag und so köstlich das Essen schmecken mag. Der feinstoffliche Teil jener Nahrung, die Schwingung, die sich auf Euer Wesen überträgt, erzeugt Tendenzen, Gewinn erzielen zu wollen, anstatt zu geben, selbstloser zu werden und zu teilen – diese Gier schlägt sich im Geist nieder.

Soweit zur ersten Hälfte des Spruches. Amma erzählt dann eine kleine Geschichte.

„Es gab einmal einen Sannyasi, der nie Zeitung las. Eines Tages kam in ihm plötzlich das intensive Verlangen dazu auf. Danach begann er, von Zeitungen und Nachrichten zu träumen. Als er nachforschte, stellte sich heraus, dass der Diener Zeitung las, während er das Essen zubereitete. Seine Aufmerksamkeit war beim Lesen der Zeitung und nicht beim Kochen. Die Gedankenwellen des Kochs beeinflussten den Sannyasi."

Wenn ihr Essen kocht, gehen die Schwingungen eurer Gedanken in das Essen über. Das geschieht nicht bei roher Nahrung, wie bei einer Banane oder ungekochtem Essen. Mahatmas wie Amma sagen, dass gekochtes Essen empfänglich für Schwingungen wird. Die Schwingung der Person, die es zubereitet, überträgt sich auf das Essen. In einem Haus, wo die Menschen sich mögen, wird die Zuneigung in das Essen übergehen und das Gemüt der Menschen nähren. In einem Hotel oder Restaurant gibt es so etwas nicht. Auch die Schwingung im Restaurant überträgt sich auf das Essen.

Amma sagt, dass es am Anfang der spirituellen Entwicklung am besten für einen Sadhak sei, nicht an Imbiss-Ständen oder in Restaurants zu essen. Also müsst ihr diese Regel nicht für immer befolgen. Aber die meisten von uns sind erst Anfänger auf dem spirituellen Weg. Selbst wenn wir schon zwanzig Jahre lang meditiert haben und jeden Mahatma gesehen haben, der jemals nach Amerika kam, wir schon vierhundert Mal in Indien gewesen sind und jeden einzelnen Ashram besucht und viele Stunden auf dem Kopf gestanden haben - unseren Geist beherrschen wir immer noch nicht. Er schweift immer noch umher wie der Wind. Solange das Gemüt keinen echten, dauerhaften Frieden gefunden hat, der durch nichts beeinträchtigt wird, solange wir nicht die innere Glückseligkeit ohne äußere Ursache erfahren können, solange wir nicht diese Stufe der spirituellen Entwicklung erreichen, werden wir von allem beeinflusst. Deshalb muss ein ernsthafter Sadhak diese Regeln sorgfältig beachten, wie unnatürlich oder schwierig es uns auch erscheinen mag - es ist zu unserem Besten, wenn wir es ernst meinen. Ist das nicht der Fall, können wir tun und lassen, was wir wollen; es ist dann kein Problem.

Mäßigkeit beim Essen

„Esst nicht, bis ihr erstickt."

Wie würde man in amerikanischem Englisch sagen? Oder auf gut Deutsch: Fresst Euch nicht zu Tode.

„Die Hälfte des Magens sollte der Nahrung vorbehalten sein, ein Viertel für Wasser und der Rest für die Bewegung von Luft."

Das ist natürlich ein Ideal. Ich bin noch niemandem begegnet, der es hätte befolgen können. Es ist sehr schwer, nur einen halben Magen voll Essen zu sich zu nehmen. Trotzdem müssen wir das höchste Ziel, den Idealzustand erwähnen. Also die Hälfte für das Essen, ein Viertel für Wasser und der Rest für die Luft. Das ist ein ayurvedisches Prinzip.

„Je weniger man isst, desto besser wird die mentale Kontrolle sein. Schlaft oder meditiert nicht unmittelbar nach dem Essen. Sonst wird nicht richtig verdaut."

Nun zu einem Ratschlag für die Gesundheit von Amma. Esst nicht so viel, dass Ihr fast platzt. Ich sah einmal eine Kuh im Ashram in Amritapuri. Niemand wusste, wie viel sie gegessen hatte. Und Ihr wisst, dass Kühe berüchtigt dafür sind, sich zu Tode zu fressen. Dieser Kuh wurde immer mehr Futter gegeben. Jemand sah den leeren Eimer und dachte: „Oh, die arme Kuh, sie hat kein Futter bekommen." So fütterten zwei oder drei Leute die Kuh. Schließlich ging die Kuh ein. Sie fraß so viel, dass sie fast explodierte und an Verdauungsstörungen starb. Einige Kühe wissen nicht, was sie tun sollen, wenn man sie auf eine grüne Weide lässt und sie fressen solange, bis sie sterben. Manche Menschen sind genauso. Das Essen ist so schmackhaft, dass sie einfach weiter essen, auch wenn sie schon lange satt sind. Wenn Ihr ihnen etwas bringt, was sie mögen, haben sie plötzlich noch Platz fürs Essen. Ich habe das oft erlebt. *Payasam* ist für viele Leute eine Lieblingsspeise. Man hat dieses schöne, aus sieben Gängen bestehende, indische Mahl

zu sich genommen, ist fast am Platzen, und dann kommt jemand mit mehr Reis und Gemüse, oder *sambar*, oder *rasam*,
und sagt: „Möchten Sie noch Reis?" – „Nein, nein danke, ich
bin voll bis obenhin." Dann kommt jemand und sagt: „Sie
hatten noch keinen *payasam*." – „Oh ja, ich nehme etwas
payasam!" Das Essen müsste zu dem Zeitpunkt schon zu den
Ohren herausgekommen sein. Alle haben immer noch etwas
Platz im Magen, wenn es sich um etwas handelt, dass sie mögen.

Ihr solltet nicht so viel essen, dass ihr nicht einmal mehr
Luft holen könnt, da es sehr träge macht. Wisst ihr, was geschieht, wenn ihr zu viel esst? Ihr schlaft sofort ein. Es ist in
Ordnung, wenn ihr einschlafen möchtet, aber nicht, wenn
ihr meditieren wollt.

Amma rät davon ab, nach einer vollen Mahlzeit zu schlafen oder zu meditieren. Warum? Beim Schlafen verlangsamt
sich die Verdauung, die Funktionen werden eingestellt, deshalb erfolgt keine richtige Verdauung und somit keine entsprechende Nährstoffaufnahme, was Verdauungsstörungen
auslösen kann. Am nächsten Tag seid ihr übersäuert. Und was
geschieht, wenn Ihr meditiert? Dasselbe. Beim Meditieren wird
der Fluss der Lebenskraft, die zur Verdauung notwendig ist,
verlangsamt. Sie fließt zu dem Punkt, auf den ihr euch bei der
Meditation konzentriert. Niemand meditiert über seinen Magen, zumindest habe ich noch nie davon gehört, dass jemand
so meditiert. Es gab einmal eine Meditationsweise, bei der man
auf den Nabel schaute und meditierte; aber ich glaube nicht,
dass dies heute noch praktiziert wird.

Gewöhnlich meditieren die Menschen auf ihr Herz oder
auf die Stirn oder sie visualisieren etwas vor ihrem inneren
Auge. So wird die *prana shakti*, die Lebenskraft, zu einem be-

stimmten Punkt gelenkt. Sie durchdringt den ganzen Körper, aber man kann eine Kontrolle darüber ausüben, sie lässt sich bis zu einem gewissen Grad lenken. Man kann sie sogar hinaus schicken: Beim Sprechen mit Leuten; wenn man einen Menschen intensiv anschaut, wird er etwas fühlen. Das ist die Lebenskraft, die nach außen fließt; sie ist feinstofflich, also nicht sichtbar. Manche Menschen sind in der Lage sie zu sehen, aber die meisten von uns können es nicht. Also, sie wird für die Verdauung gebraucht, nachdem ihr gegessen habt. Man sollte die natürlichen Verdauungsvorgänge nicht unterbinden. Meditiert deshalb nicht nach einer vollen Mahlzeit, sondern wartet eine oder zwei Stunden.

Nun zum letzten Spruch dieses Kapitels:

„Wenn sich die Liebe zu Gott entwickelt, lässt es sich mit einem Menschen vergleichen, der unter Fieber leidet. Jemand, der Fieber hat, wird keinen Geschmack am Essen finden. Selbst wenn das Essen süß ist, wird es für ihn bitter schmecken. Wenn wir Gott wirklich lieben, nimmt der Appetit spontan ab."

Das ist das Schlusswort. Der Kampf, diesen natürlichen Drang in den Griff zu bekommen, mag eine Zeitlang anhalten. Wir führen ihn, um einen Einblick in etwas Höheres als nur Sinnesfreude bzw. sinnliche Erfahrung zu erhalten. Es wird zweifellos ein Ringen sein, weil wir viele Leben mit Sinnesfreuden verbracht haben. Aber wenn wir einmal eine wirkliche spirituelle Erfahrung machen, die göttliche Glückseligkeit oder die Gegenwart Atmans erfahren, dann geschieht es spontan. Dann ist einem nicht mehr danach, etwas außen zu suchen; es macht nicht mehr glücklich. Es ist nur noch eine

Ablenkung, eine Zeitvergeudung. Wenn man anfängt, spirituelle Praxis zu genießen - Meditation, Bhajans, Satsang, die Lektüre eines spirituellen Buches, dann wird das physische Leben fast zu einem deprimierenden Erlebnis, könnte man sagen. Man ist in einen schönen spirituellen Zustand eingetaucht und dann sollt ihr ans Kochen und Essen denken und daran, auf die Toilette zu gehen und so weiter. Es wird einem zur Last. Viele Menschen haben eine Menge Zeit. Manche sind pensioniert und verbringen ihr ganzes Leben mit spiritueller Praxis und sind so glücklich darüber, sich ganz diesen spirituellen Übungen zu widmen.

Beherrschen wir unseren Geist, erfahren wir Glückseligkeit

Entgegen landläufiger Meinung ist spirituelles Leben ein Leben der Glückseligkeit und nicht voller Schmerzen und Leiden. Das mag für eine gewisse Zeit der Fall sein. Hat man erst einmal Einiges verstanden, dann weiß man, dass sich der spirituelle Weg wirklich lohnt und man beginnt mit der spirituellen Praxis. Aber aufgrund all der alten Gewohnheiten, die von der Gesellschaft, der Familie und der Welt übernommen wurden, tauchen dabei viele Widerstände auf. Es ist nicht so leicht, zu meditieren und sich zu konzentrieren; es ist nicht so einfach, die schlechten Gewohnheiten aufzugeben und sich gute Gewohnheiten anzueignen, da diese ganzen tief verwurzelten Neigungen vorhanden sind. Deshalb beginnt man zu leiden: „Wie schwierig das doch ist, was für ein Ringen!" Den Leuten fällt auf, dass ihr sehr traurig ausseht und mit einem langen Gesicht herumlauft. Sie sagen: „Ich dachte, Du bist ein spiritueller Mensch, du solltest vor göttlicher Wonne strahlen!" Aber das ist am Anfang nicht der Fall. Niemand bekommt seinen Universitätsabschluss, ohne das gesamte Schulsystem vom Kindergarten an durchlaufen zu haben. Eine solche Bemerkung ließe sich damit vergleichen, ein Kindergarten-Kind zu fragen: „Nun, wo ist dein Dr. phil.?" - „Wie kann ich Doktor der Philosophie sein? Ich gehe noch nicht einmal in die Schule!"

Wie sollte man göttliche Seligkeit erfahren, ohne etwas dafür zu tun? Ein Abschnitt, den man durchlaufen muss, ist dieser miserable Zustand, in dem man sich mit dem gröbsten Zeug der vorherigen Persönlichkeit, einschließlich der vergangenen Leben, auseinander zu setzen hat. Wenn das bewältigt ist, wird sich der Schaum auf der Oberfläche des Tümpels für einen Moment lichten, und ihr seht das klare Wasser. Sobald ihr eine Ahnung von Eurer wahren Natur, dem *atman*, bekommt, wenn ihr anfangt, Gottes Gegenwart und etwas Hingabe an ihn zu fühlen, wird das spirituelle Leben zur wahren Wonne. Dann wird es mit all diesen Regeln und Vorschriften, Geboten und Verboten sehr einfach. Sobald ihr in eurem Höheren Selbst oder im Göttlichen verankert seid, geschieht alles auf ganz natürliche Weise. Wie Amma sagt:

„Zunächst kommt die Probe, erst danach beginnt die eigentliche Aufführung."

Sadhana entspricht einer Theaterprobe und der Zustand der Glückseligkeit der Aufführung.

Ich möchte noch etwas aus einem Erfahrungsbericht einer Person, die Glückseligkeit erlangt hat, vorlesen, da es solche Beschreibungen nicht oft gibt. Heutzutage schreiben viele Menschen über ihre Erfahrungen. Diese stammt von einem Menschen, der vor ein paar tausend Jahren auf traditionellem Weg zu einem Guru kam, Zuflucht bei ihm nahm, bei ihm lernte und schließlich den Zustand göttlicher Glückseligkeit erlebte. Hier ist seine Beschreibung:

„Als der Schüler die höchste Wahrheit gemäß der Autorität der Schriften, der Anweisungen des Gurus und durch eigene Einsicht erkannt hatte, wurde er mit zur Ruhe gekommenen Sinnen und beherrschtem Geist an einem einsamen, abgeschiedenen Ort vollkommen bewegungslos. Als sein Geist eine Zeitlang in Brahman, der höchsten Wirklichkeit, verweilt hatte, stand er auf und sprach aus der Fülle seiner Freude heraus.“

Er brachte also sein Gemüt zur Ruhe, ging an einen stillen Ort, wo er alleine war, ging in völlige Stille ein und kontemplierte die Schriften, die er studiert hatte und das, was sein Guru ihn gelehrt hatte. Sein Geist erreichte vollkommene Konzentration und er erfuhr höchste Glückseligkeit. Dann sagte er:

„Die Herrlichkeit des höchsten Brahman, ein Ozean gefüllt mit dem Nektar der Verwirklichung des Selbst, kann man sich weder vorstellen, noch kann sie angemessen in Worten ausgedrückt werden. Mein Geist, der diesen Zustand erreicht hat und mit diesem Ozean eins geworden ist, befindet sich im Frieden, da er sich höchster Glückseligkeit erfreut. Wohin verschwand dieses Universum? Wer hat es entfernt? Ich habe es vorher wahrgenommen, aber dann nicht mehr. Wie wunderbar! Es gibt nichts mehr außer höchster Glückseligkeit. Was ist zu verwerfen, was ist anzunehmen? Was ist verschieden? Was ist voneinander ge-

trennt in diesem großen Ozean, der voll des Nektars unendlicher Glückseligkeit ist? Ich sehe nichts. Ich höre nichts. Ich weiß nichts. Ich verweile nur in meinem eigenen Atman und erfreue mich unaufhörlich höchster Glückseligkeit.

Dir zur Ehre verneige ich mich immer wieder, oh Guru. Du Großartiger, frei von allen Anhaftungen, Bester unter den Kennern Brahmans, Verkörperung der ewigen Glückseligkeit, du unerschöpfliches, immerwährendes, höchstes Reservoir an Gnade und Erbarmen! Durch deinen Gnade verströmenden Blick wurden wie durch die dichten Strahlen des kühlen Mondes alle Leiden meiner weltlichen Existenz entfernt, und in einem einzigen Moment habe ich den unzerstörbaren Zustand des Selbst erlangt, dessen Natur unendliche Glückseligkeit ist. Ich bin gesegnet. Ich habe mein Lebensziel erreicht. Ich wurde befreit aus den Fängen von Geburt und Tod. Ich bin immerwährende Glückseligkeit. Durch Deine Gnade habe ich Vollendung erreicht.

Ich bin Brahman, der ohne etwas Vergleichbares ist, die ewige Wahrheit jenseits aller Vorstellungen und von gleichbleibender, ewiger Glückseligkeit, die höchste Wahrheit. Durch das Spiel der Winde von Maya erheben sich die verschiedenen Wellen des Universums und sind in mir vereint, dem unendlichen Ozean der Glückseligkeit. Wie der Himmel bin auch ich jenseits aller Kategorien, die man sich vorstellen kann. Wie die Sonne unterscheide ich mich von den von außen Erleuchteten. Wie die unbeweglichen Berge bin ich immerwährend und unbeweglich. Wie der

*Ozean bin auch ich ohne Ufer. In meinem großen
Traum im Dickicht von Geburt, Alter und Tod wurde ich, ins Wanken gebracht durch Maya, ganz erschöpft durch vielfältige Kümmernisse, die mich ständig quälten. Ich wurde gepeinigt durch den Tiger na-
mens Ego. Durch Deine unendliche Gnade, mein
Guru, hast du mich aus dem Schlaf erweckt und gerettet."*

Om Namah Shivaya.

*Satsang im M.A. Center, 1994
Kassette 6, Seite B*

Dieses und weitere Bücher können Sie beziehen von:	Weitere Informationen von:
Deutschland Verein Amrita e.V. - Verkauf Amselweg 20 64753 Brombachtal Tel. 06063-2216 Fax 06063-911406 eMail: verkauf@amma.de	**Deutschland** Verein Amrita e.V. Laubenweg 28 53639 Königswinter Tel. 02244-8762981 Fax 02244-872022 eMail: amrita.ev@amma.de
Schweiz Amrita Vereinigung (Schweiz) Im Aespli 1 CH-8909 Zwillikon Tel./Fax 01 760 05 68 eMail: shop@amma.ch	**Schweiz** Amrita Vereinigung (Schweiz) Wagenhalde 8 8162 Steinmaur Tel./Fax 01 853 04 29 eMail: info@amma.ch
Österreich Amrita Austria e.V. –Versand Lerchenfelderstr. 94-98/1/30 A-1080 Wien Tel. 0699108 99 760 oder 014064902 eMail: shop.austria@amma-europe.org	**Österreich** Amrita Austria e.V. c/o Dr. Elisabeth Rüth Gschwandnergasse14/5 Tel./Fax 01485 1002 eMail: austria@amma-europe.org